短视频策划、拍摄与剪辑
零基础入门与提高

陈玘珧 编著

人民邮电出版社

北京

图书在版编目（CIP）数据

短视频策划、拍摄与剪辑零基础入门与提高 / 陈玘
珧 编著. -- 北京：人民邮电出版社，2023.12
ISBN 978-7-115-62237-2

Ⅰ. ①短… Ⅱ. ①陈… Ⅲ. ①网络营销－营销策划②
视频制作 Ⅳ. ①F713.365.2②TN948.4

中国国家版本馆CIP数据核字（2023）第159727号

内 容 提 要

人人都可以拍摄短视频，但不代表人人都能够拍好，短视频是一种对创作者综合素质要求很高的视听艺术。

本书从短视频的崛起与发展趋势、热门平台开始讲起，帮助读者快速了解短视频的基础知识；接着介绍短视频的策划与构思，帮助读者理清创作思路；然后针对短视频拍摄，细致讲解了短视频的拍摄设备、提升表现力的技巧、创作的美学理论、镜头运用、分镜头设计、场景道具设计等内容；最后分享了大量剪映 App 的短视频实用后期剪辑技巧。

本书内容丰富，涵盖了短视频策划、拍摄与剪辑等全方位的内容，适合对短视频感兴趣的内容创作者，以及想要提升短视频质量、吸引更多粉丝关注的"up 主"/博主参考阅读。对于想要通过短视频营销的商家店铺，本书也有一定的参考价值。

- ◆ 编　著　陈玘珧
　　责任编辑　张　贞
　　责任印制　陈　犇
- ◆ 人民邮电出版社出版发行　　北京市丰台区成寿寺路 11 号
　　邮编　100164　　电子邮件　315@ptpress.com.cn
　　网址　https://www.ptpress.com.cn
　　雅迪云印（天津）科技有限公司印刷
- ◆ 开本：700×1000　1/16
　　印张：16　　　　　　　　　　　　2023 年 12 月第 1 版
　　字数：278 千字　　　　　　　　2023 年 12 月天津第 1 次印刷

定价：89.00 元

读者服务热线：**(010)81055296** 印装质量热线：**(010)81055316**
反盗版热线：**(010)81055315**
广告经营许可证：京东市监广登字 20170147 号

前 言
Preface

本书主要讲解短视频从前期的策划，到中期拍摄，再到后期剪辑的常用方法技巧。

对于短视频的前期策划来说，创作者需要了解短视频的概念、短视频的发展历程，并对短视频的大致分类以及发展趋势有一定了解；在中期拍摄阶段，创作者需要有一定的审美能力，掌握常用的镜头语言，以及分镜头设计等理论，为后续的视频剪辑打好基础。

从视频剪辑、调色、特效制作的角度来说，Adobe Premiere Pro、Adobe After Effects 等软件是比较专业的，更适合长视频、影视剧、广告视频制作等领域的专业人士，因为要掌握这些软件是需要花费大量时间去学习和积累的。而对于短视频来说，借助移动互联网的兴起，以剪映软件为代表的入门级视频剪辑与调色工具，已经能够满足绝大多数情况下视频处理的需求，并且剪映软件对新手来说是非常友好的，便捷的操作、强大的人工智能算法加成，能帮助新手快速剪辑出自己满意的短视频作品。

当然，要真正剪辑好短视频，并非能熟练操作剪映软件就可以了，需要创作者掌握一定的基础知识与基本理论，这样才能理论联系实际，快速成长为短视频创作高手。此外，我们要提醒短视频创作者，在掌握了大量的理论知识及剪辑技巧之后，不能故步自封，还应该继续学习一些更为专业的短视频制作技巧。

最后，祝愿广大读者都能通过本书快速成长为能够拍出优质短视频的高手。

编著者
2023 年 8 月

资源下载说明

本书附赠部分案例的素材文件，扫码添加企业微信，回复数字"62237"，即可获得配套资源的下载链接。资源下载过程中如遇到困难，可联系客服解决。

目 录
Contents

第7章　一般镜头、运动镜头与镜头组接 125

第8章　短视频分镜头、场景与道具设计 155

第9章　用剪映 APP 制作精彩短视频 165

第 1 章

短视频崛起与
发展趋势

本章主要介绍短视频的概念与发展历程，并简单
预测短视频的发展趋势。

1.1 初识短视频

短视频 APP 创意图

短视频即短片视频，一般是指在各种新媒体平台上播放的、适合在移动状态和短时休闲状态下观看的、高频推送的视频内容，时长几秒到几分钟不等、内容题材灵动多样。短视频制作流程简单、内容灵活、互动性强，更易被用户接受和传播，并且能够为品牌提供多元而丰富的广告营销服务。

时下热门的短视频内容融合了技能分享、幽默搞怪、时尚潮流、社会热点、街头采访、公益教育、广告创意、商业定制等主题，由于时长较短，可以单独成片，也可以成为系列栏目。

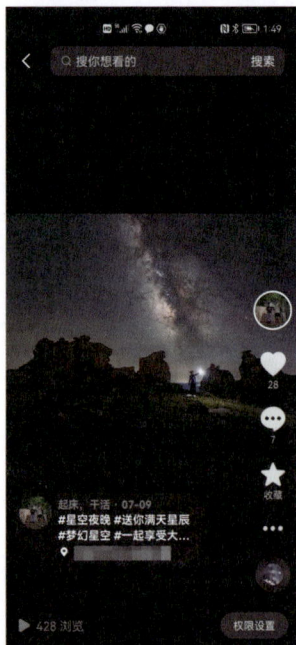
风光类短视频

日常生活类短视频

1.2 短视频发展历程

　　短视频的成规模化发展可以追溯到 2011 年。在 2011 年以前，常见的视频网站有土豆、优酷、乐视、搜狐、爱奇艺等。随着这些视频网站的相继成立及用户流量的持续增加，全民逐渐进入视频时代。而后，随着移动互联网终端的普及、网络的提速和流量资费的降低，更加贴合用户消磨碎片化时间需求的短视频平台后来者居上，视频时代逐渐过渡到了短视频时代。2011 年 3 月，快手平台诞生了，该平台最初用来制作、分享 GIF 图片，到 2012 年开始转型进入短视频社区。2016 年 9 月，由字节跳动孵化的一款音乐创意短视频社交软件——抖音上线了，该软件是一个面向全年龄段用户的短视频社区平台，用户可以通过这款软件选择歌曲，拍摄自己的作品。从此以后，短视频凭借着"时间短、内容精、刷新快"的传播优势，迅速获得了各大内容平台、粉丝及资本的支持和青睐。在多方的追逐及扶持下，短视频正式成为了互联网时代的宠儿。短视频在国内乃至国际掀起了一场大浪潮，并于 2018 年实现井喷式的爆发，将互联网推进到一个新的时代。

抖音短视频平台

百度短视频平台

1.2.1 浪潮之初

2011年3月，快手平台的上线标志着一个新的数字时代即将诞生，我们习惯性地称之为短视频时代的开端。在快手平台创建初期，其业务类型还是以制作、分享GIF图片为主。在敏锐捕捉到用户需求和未来发展趋势后，快手于2012年11月起将业务板块从纯粹的工具应用转型为短视频社区。随着手机的普及、4G/5G网络的迅速发展，快手迅速步入发展快车道。

在同时期，有诸如土豆、优酷、56视频、哔哩哔哩等多种视频平台，它们中有的已经有成熟的客户群体和业务架构，有的已经搭建好具有独特风格的视频框架平台，还有的在新的视频模式上下功夫。快手在当时大环境下并未在短时间内显现出巨大的经济价值和影响力，但其独特的思路和模式也实实在在地影响着未来视频平台的发展趋势和走向。

此时各平台的视频具有以下特点。

1. 时长较长。视频时长大多都超过5分钟，与现在意义上的短视频是两种完全不同的创作风格和类型。

2. 传播途径单一。当时专门开设短视频播放栏目的平台少之又少，短视频也并非信息传播的主流途径。

3. 个人作品少。人们接触的视频种类还是电影、电视剧、综艺节目等，属于用户个人的作品还较少。

4. 互动性和创新性较差。活跃在大众视野里的短视频还以集锦为主，属于收录影像资料再做二次整合，个人题材或以个人思路设计创作的作品较少，视频也缺少互动性。

在此大环境下，另辟蹊径的短视频市场逐渐找到了可以让自己发光发热的着力点，那就是使用时长较短的视频来让观众快速看懂视频的内容和理解视频的意义。逐渐增加的平台也如同滚雪球般不断积累着属于自己的观众，不断地扩大着影响面和知名度。短视频相对传统长视频来说制作简单，人们可以将自己的想法淋漓尽致地发挥出来并体现在视频载体里，从而形成人人做导演的氛围。短视频的内容贴近人们生活的方方面面，在话题性上有很好的黏合度和延展度，通过话题造势能进一步拉近与人们的距离。

1.2.2　序幕拉开

2014 年，随着三大运营商发布 4G 网络牌照，智能手机、iPad 等电子产品的功能不断创新后，互联网进入了一个高速发展的新时代。4G 网络的普及，也为短视频的快速发展起到了帮助作用。国内的短视频平台如雨后春笋般出现。包括微视、秒拍、小红书等平台在内，一众当今耳熟能详的软件平台都竞相加入短视频的竞争中。但此时的短视频市场依然处于发展初期阶段，视频风格还未受到大众的追捧和效仿，受众依然有较大的局限性，各平台还都占有各自的市场份额并具有各自的优势。

抖音的推广，一举打破了行业现状。初期的抖音依靠自己独有的视频风格特点、全新的交互式体验、更具特点的用户使用方式，迅速收获了大批粉丝，将短视频热度炒到了空前的高度，对短视频行业起到了巨大的推动作用。

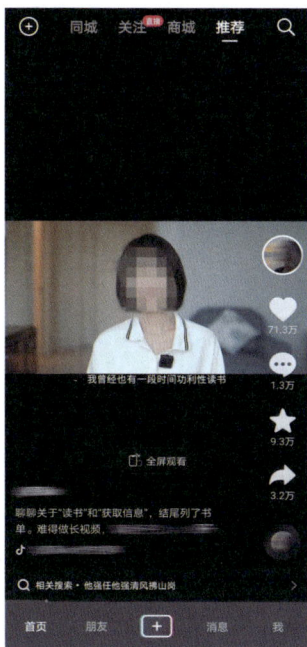

经验分享类短视频　　　　　　日常生活类短视频　　　　　　兴趣爱好类短视频

在有许多可以学习借鉴的经验的背景下，抖音平台定位精准，在推出伊始就确立了简洁明了的设计界面、上滑下滑的观影模式和时间长短控制在 1 分钟之内真正意义上的短视频。这些特点在现在看来很普通，但在当年的网络视频中，可

谓抛出"王炸"一般，迅速引起了人们的兴趣和争相讨论。随之而来的是大量富有才华和思路的视频创作者涌入其中，投身这个新兴并迅速崛起的行业里，使得短视频行业迎来了爆发期，作品数量、从业人员、下载群体、经济价值等指标均直线上升。

1.2.3　百花齐放

短视频概念落地之后，迅速在国内外传播开来，从抖音到 Tik Tok，几乎全世界的人都身处这个自由的创作大环境里，也都置身其中成了观众和评委。

短视频的类别也由最初的模糊概念进行了不断细分和深化，在生活、人文、旅行、音乐等大的类别下又衍生出了旅拍 Vlog、二次元、时尚宠物、穿搭、美妆等细分领域，人们的职责分工也日趋明确，涵盖编剧、策划、执行、市场、艺人以及目前很火的"带货"主播等。职业岗位里既有演员、编辑、策划、文案、运营等直接关联短视频的岗位，也有借助短视频和创作进行自由择业的视频博主。

1.3　短视频的未来

从短视频行业发展历程，我们不难看出，短视频在经历了几年的快速发展之后，目前正处于一个由快变缓的过程当中。在大的峰值过去以后，行业慢慢处于沉淀期。未来的短视频市场依然是一个巨大的财富宝藏，会有越来越多的从业者投身其中，寻找里面的闪光点。

2011—2015年 蓄势期	2016—2017年 转型期	2018—2019年 爆发期	2020年至今 沉淀期
智能手机、3G网络、Wi-Fi逐渐普及，短视频发展处于初始的蓄势期	4G网络开始普及，短视频分发渠道增多，平台类型呈现多元化	多方资本涌入，政策监管力度加大，各类短视频平台发展迅猛	抖音、快手头部优势扩大，并寻求资本化；新晋平台发展难度大

短视频发展的 4 个阶段

随着多元化社区的不断升级成熟，虚拟现实（Virtual Reality，VR）的概念也慢慢走入人们的视野中。VR 是借助先进的科技手段实现影像立体化呈现的一种方式，由 VR 衍生出的许多新的视频播出方式，给了人们更接近真实的体验感，未来也是短视频播放及开发的一个新方向。

第 2 章

火爆的短视频市场

本章介绍时下热门的短视频平台，以及短视频平台能够火爆的原因，并让你认识到把握短视频红利期的重要性。

2.1　热门短视频平台及视频类别

时下热门的各种短视频 APP 已经在大多数人的手机里"霸屏"，如抖音、快手、火山小视频等。人们在乘坐公共交通工具或者无聊的时候，多数都会拿出手机点开此类 APP，通过上下滑动来切换短视频。这类视频内容轻松、幽默搞笑，能够消磨人们的碎片化时间，让处于紧张状态的人们得到放松，因此受到大多数用户的青睐，风靡一时。

2.1.1　时下热门的短视频平台

抖音

抖音是由字节跳动孵化的一款创意短视频社交软件，该软件于 2016 年 9 月 20 日上线，于 2017 年走入大众的视野，是一个面向全年龄段用户的短视频平台。在抖音，用户可以上传自己的短视频作品，记录生活点滴；也可以观看热门的短视频，了解各种奇闻趣事；还可以通过完成任务赚取流量等。

抖音的定位为短视频播放软件，但其延展功能还涵盖了社交和互动内容，以及近年来火热的带货直播。用户可通过个人 IP 形象的打造，定位自己的账号专属风格，通过流量推送积累人气和粉丝，并可以在评论区留言互动。抖音也迎合用户，将平台打造成互动交友、趣事分享、在线购物的多功能综合平台。

根据界面引导可以看出，抖音在视频的周边引入多种选项。例如，点击"商城"即可在抖音自己搭建的购物平台里购物，点击视频中出现的购物链接即可在观看视频的同时选购产品，点击"关注"可以查看自己关注的账号的动态，点击

抖音

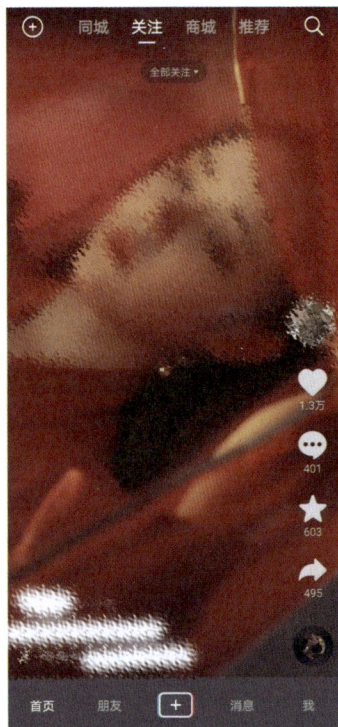

抖音首页界面

"同城"可以指定搜索定位的同城其他原创者视频，可以根据关键字搜索感兴趣的内容，也可以在评论区和私信区交流心得和感受。抖音引入的视频分享机制可以使用户将自己感兴趣的内容快速分享给好友。

快手

快手是北京快手科技有限公司旗下的产品。快手的前身，叫"GIF 快手"，诞生于 2011 年 3 月，最初是一款用来制作、分享 GIF 图片的手机应用。2012 年 11 月，快手从纯粹的工具应用转型为短视频社区，用户可以在这里记录和分享生活。

快手

抖音和快手作为短视频领域的两大巨头，无论是在用户群体方面还是在产品设计方面都有很大的差异。

在用户群体方面，快手的三、四线城市用户比例明显高于抖音。虽然抖音和快手在内容推荐上都用到了先进的人工智能和机器学习技术，做到了给用户精准推荐内容，但相比之下，快手在内容推荐的机制上给了普通创作者更多的便利，增加了普通创作者的曝光机会，给了普通创作者更多流量。

在产品设计方面，抖音首页是全屏展示某一视频，快手首页则是陈列多个视频，想要全屏观看视频，需要进入"精选"页面。

快手首页界面　　　　　快手精选界面

小红书

　　小红书 APP 是年轻人展现生活方式的平台。平台内容以用户发布分享生活和推荐攻略的图文和短视频为主，用户在文章中可以关联诸多关键词，突出文章内容和立意。用户可以在这里发现真实、向上、多元的世界，找到潮流的生活方式，认识有趣的艺人、创作者；也可以在这里发现海量美妆和穿搭教程、旅游攻略、健身方法等内容。

小红书

小红书首页界面

　　小红书会根据用户的使用偏好推荐相关的图文和短视频。作为界面和设计都从年轻人群体出发的平台，其优势就是内容更加精准，锁定目标人群进行二次深入开发和优化。

哔哩哔哩

　　哔哩哔哩（bilibili）也就是人们常说的"B站"，早期是以动漫、动画、游戏为主的内容创作分享网站，后来渐渐发展成了围绕兴趣圈的多元化视频社区。

哔哩哔哩

　　打开哔哩哔哩 APP，首页会自动推荐很多用户可能会感兴趣的短视频。哔哩哔哩的特色是弹幕文化，用户在播放短视频的同时将自己的想法输入弹幕框内，即可在视频播放的位置发送弹幕。

哔哩哔哩首页界面

短视频弹幕

西瓜视频

西瓜视频由今日头条出品，主打个性化短视频推荐，目前已与央视新闻、澎湃新闻、BTV 新闻等多家知名媒体机构达成版权合作。西瓜视频是今日头条继移动资讯智能分发后再次引领短视频行业潮流的平台，也是广告主实现品牌年轻化、融入新生消费主力的营销平台。

西瓜视频

与其他短视频 APP 相比，西瓜视频的用户和内容定位都有差别。它的用户与其他短视频 APP 的用户高度去重，为广告主带来了新鲜的群体；同时西瓜视频的 18～30 岁用户高达 80%，全面助力广告主品

西瓜视频播放界面

牌年轻化。新生代消费力量的崛起，使西瓜视频全面锁定了多领域精彩内容，构建了全新的年轻化内容生态，打造出了更具价值的短视频营销空间。

微信视频号

微信作为当代主流的社交平台，其主要功能为及时通信和信息交互。在不断的更新升级中，微信也引入视频功能。从最早的朋友圈可分享视频到后来的视频号、直播等功能的接入，在微信内观看视频的便捷度得到了大幅提升。

微信视频号

微信视频号的功能与其他短视频平台相似，用户可自己发布作品在平台内，也可观看其他人的作品。其中较为创新的内容就是引入了结合朋友点赞的内容推送机制，优先推送微信好友点赞或评论的视频内容，将社交和视频推送进行融合。

微信中的视频号功能

视频号功能界面

2.1.2　短视频的类别

短视频的类别众多，按照话题可分为搞笑、美食、美妆、摄影、旅行、游戏、萌宠、汽车、运动、音乐、科技、健康等。短视频的表现形式涵盖了即兴表演、知识教学、生活纪实、二创剪辑等。

搞笑类

美食类

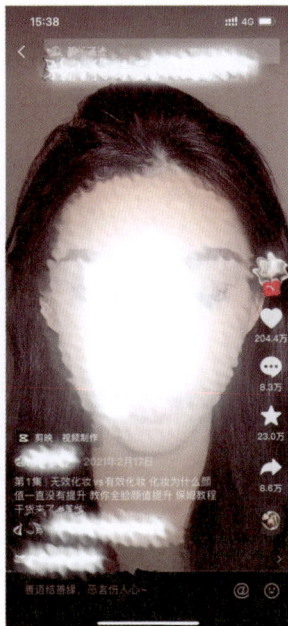

美妆类

摄影类

旅行类

游戏类

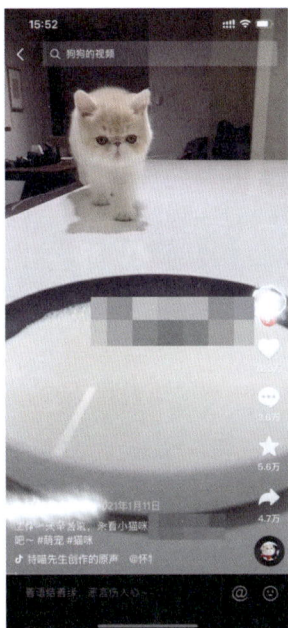

萌宠类

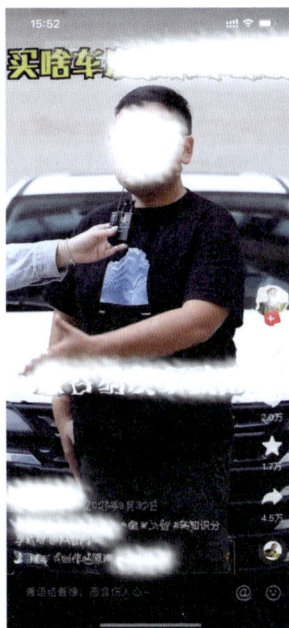

汽车类

运动类

音乐类

科技类

健康类

2.2 短视频平台爆火原因

新媒体时代带给人们的最大变化就是大量的完整时间被打碎。一方面，处于工作或学习状态中的人们很容易被突然响起的电话铃声或消息提醒声打断。另一方面，自控力不佳的人很难忍住长时间不看手机。加上快节奏的工作和生活，使得人们的时间更为碎片化。短视频的出现加速了时间碎片化进程，也让人们的娱乐重心逐渐迁移。人们长时间聚焦一件事情容易产生不耐烦的情绪，短视频刚好针对这一特点，不仅不会让用户产生反感的情绪，还会让用户对短视频 APP 产生依赖心理。

当用户打开短视频 APP 开始看视频的时候，系统会根据用户的喜好进行推送。因此，用户看到的短视频都是自己感兴趣和爱看的，再加上精心设计的背景音乐以及评论区的有趣互动，用户很容易沉浸其中，无法自拔。

短视频的飞速发展，吸引了大量资本的投入。我国的短视频平台从诞生之初至今，对其的投资都呈现一个整体快速上升的趋势。资本的注入也带来了大量的工作岗位和机遇。短视频平台会给用户提供各种拍摄短视频的基础技巧教学，创作者通过短期的学习实践就可以迅速学会创作短视频的方法。这使得短视频创作门槛降低，越来越多的人涌入其中，源源不断地为短视频市场注入活力。创作者可将制作好的短视频作品一键分享到各个社交平台，为自己的作品积累人气，提高热度。随着人气和流量的增加，视频内容本身即可获得流量带来的报酬，而且也附加了更多商业价值。

2.3 把握短视频红利期

互联网内容的发展从最早单一的文字信息到图片、表情包等元素的加入，再到音视频的加入，直接催生了短视频应用的快速发展。

当前的社会处于短视频爆发的阶段，把握当下的红利期就显得尤为重要。短视频行业也正站在风口，只要认清趋势，顺势而为，成功的速度会加快很多。

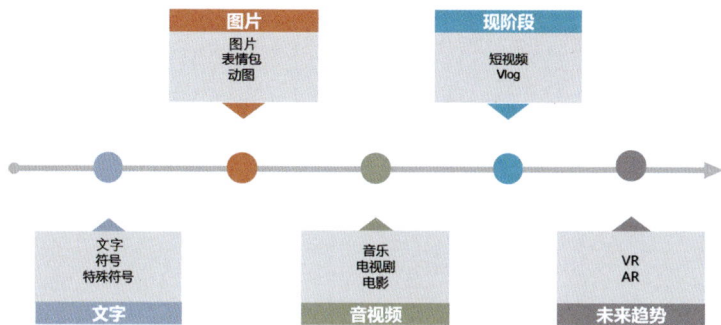

互联网内容发展的趋势和阶段

　　把握红利期也就是把握机会。紧紧把握短视频的红利期，我们既有机会成为大红大紫的"网络达人"，也有机会成为"价值百万元"的专业后期剪辑师。在红利期学习短视频知识，掌握短视频发展规律，我们可以在未来短视频进一步发展时立于时代浪尖之上，更加从容地选择发展道路。

第 3 章

短视频的策划与构思

本章以热门短视频平台上的高流量作品为例，分析短视频的题材内容、策划技巧、视频大纲的规划、创作规则等，助你学会构思拍摄内容，快速掌握短视频的策划技巧。

3.1　热门短视频策划

短视频的制作是需要经过精心策划的，没有策划的内容很可能不会有播放量。就好比将一部长篇小说拍成一部电影，想要把精华在一两个小时内表达清楚，就要从众多故事情节中提炼出重点。制作短视频也是一样，要想有高的播放量，就要知道"爆款"视频的核心是什么。只有受众广泛、容易传播的视频，才有可能成为"爆款"视频。另外，要留住用户，还需要给短视频设计一个好的开头和好的结尾。

总之，影响短视频成功与否的因素有三个：一是选题，二是开头和结尾的设计，三是内容质量。

3.1.1　根据视频内容构思选题

常规型内容

常规型内容以大众生活中常见的内容题材为背景进行展现，有故事类、情感类、励志类、娱乐类、创意类等。创作者多选取讲述故事的方式，结合对应的题材背景进行短视频制作，比如提升成绩、创业心得、工作吐槽、家庭关系和谐等故事。这类短视频是当下短视频播放量占比较大的一类，常规型内容短视频的拍摄门槛较低，对演员、场景的需求依赖性较小，题材可以引起用户的普遍共鸣，所以这类内容的短视频用户量很大。

热点型内容

热点型内容是指结合娱乐热点和新闻热点制作的短视频内容。例如突发事件、艺人娱乐八卦、热点时事模仿、热点舆论分析等。热点型内容的特点是热度时间短，创作者需在短视频平台还未出现相似题材的内容时抢先制作并上传。所以快速把握热点的热度时间是热点型内容短视频的核心，在制作此类短视频之前可以先通过热搜榜等熟悉其他同类视频的制作思路，以便在发生热点新闻后可以快速制作并上传。

产品型内容

产品型内容主要是针对日常生活中人们会使用到的电子产品和生活产品等进行推荐、功能教学、使用评测等。通过短视频对产品进行推荐和功能教学，可以对用户进行产品选购的引导，例如推荐化妆品、数码产品、家具、食品等。制作此类短视频需结合产品的特性进行，并整理出可以吸引用户观看的点。产品型内容具有长期黏合性的特点，用户对内容接受后会长期反复观看，所以精准定位用户群体并针对性地进行策划显得尤为重要。

常规型内容　　　　　　　热点型内容　　　　　　　产品型内容

在 PC 端，创作者可通过百度热搜排行榜了解目前用户关注的内容和类型，有针对性地设计短视频内容题材。

百度热搜

在手机端，创作者可以通过微博 APP 查看实时的热搜内容，通过文娱、要闻、视频等分类榜单，更加细致地了解具体类别下的信息热度。

3.1.2　短视频的策划技巧

在学习短视频策划技巧的过程中，要善于分析、善于模仿、善于改正。首先要分析高流量的视频跟其他普通视频有什么区别，然后模仿高流量视频的思路梳理出自己视频的剧情线，最后再对视频内容稍加修改，将自己的创作思路和特色代入其中。

在上传视频后，要多多关注视频的热度，如果视频的热度忽高忽低，这时要进行分析，判断热度变低的原因。

方法一：跟热度高的视频进行对比，查明自己的视频是否存在节奏把握不足、主题不够明确、无法戳中用户痛点或引起用户共鸣、标题设置不到位等问题。

微博热搜

方法二：可以根据点赞数和评论区的互动内容加以判断，分析用户对视频的评价反馈，明确用户的喜好和关注点。了解以上信息之后，思考是否能在做好视频的同时迎合这部分用户的喜好。通过不断的分析和修改，调整自己视频的方向，使自己的短视频作品越来越满足用户的需求，这样你的视频作品就会越来越好。

方法三：以当前的热搜题材作为参考，多模仿此类热门视频的策划技巧。

3.2　短视频题材和数据的分析方法

本节针对短视频创作进行题材和数据两方面的分析，用数据来做支撑，从而更好地梳理思路。

3.2.1 题材分析

对于高流量视频来说，策划是重要的一个环节。通过分析用户的喜好去策划视频内容，可以给用户更好的体验感，留住更多的粉丝并获得更多的流量。

用户易聚焦、易喜欢的作品具有许多共同的特点，比如用户喜欢言简意赅的作品，喜欢可以产生情感共鸣的作品，喜欢具有互动和分享性的作品。

言简意赅的作品。视频的时长不要过长，用较短的时间突出视频的主题和核心要点，让用户感觉视频内有满满的干货。可以先从人们讨论的热点话题入手，进行视频的题材设计，例如催婚、工作、外卖等涉及大部分人日常生活的点，以槽点或者亲身感触的点去触动用户。

能产生情感共鸣的作品。在故事的题材内容里加入真实的情感去拍视频，就会让用户在观看视频的过程中产生情感的共鸣，就会获得用户的好感和关注。一方面可以通过题材去渲染情感，比如拍摄感人题材的视频内容，拍摄爱国、爱家园的正能量视频，拍摄互帮互助的正能量视频等，把握住可以产生情感共鸣的关键点。另一方面要注意人物的语言、表情、动作等细节，将这些细节代入背景中，就可以拍出高流量的能产生情感共鸣的作品。

具有互动和分享性的作品。互动和分享的重点是赞同视频内容，在用户看到某条视频后能联想到其他事或其他人，只有产生联系性，才会促使用户进行互动，互动多在留言数量上体现。分享指用户对视频内容感兴趣，分享给身边的朋友，并对视频进行收藏，分享类视频的内容一般有萌宠、旅游、厨艺等由人们爱好和兴趣进行延伸的内容，以让视频能够触动心灵。

最后总结一下题材分析的经典三原则：精简、精美、精辟。

3.2.2 数据分析

在选定视频创作的题材和领域后，要对此题材下的潜在用户进行画像分析。可以借助百度指数这个工具，分析行业的用户画像。

在百度指数中，找到我们想要的领域，然后从中找到相关的用户画像，想做萌宠类的视频内容时，就可以以"萌宠"为关键词搜索相关用户信息。

示例 1：萌宠类数据分析

以下是百度指数中，以"萌宠"为关键词搜索到的相关用户信息。

"萌宠"的搜索指数

"萌宠"的资讯指数

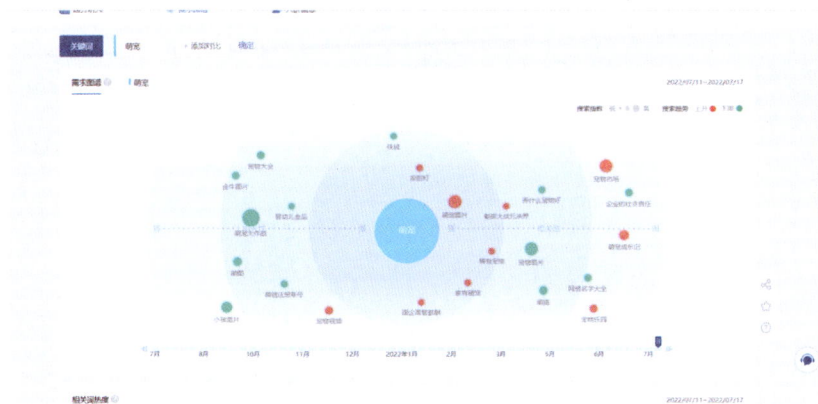

"萌宠"的需求图谱

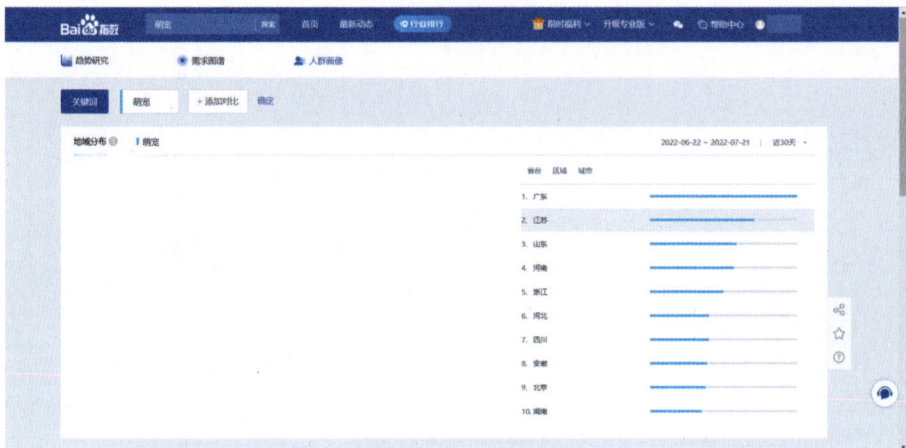

"萌宠"的地域分布

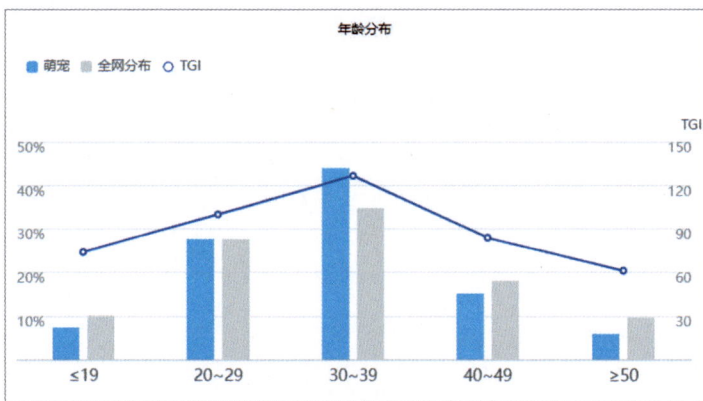

"萌宠"的年龄分布

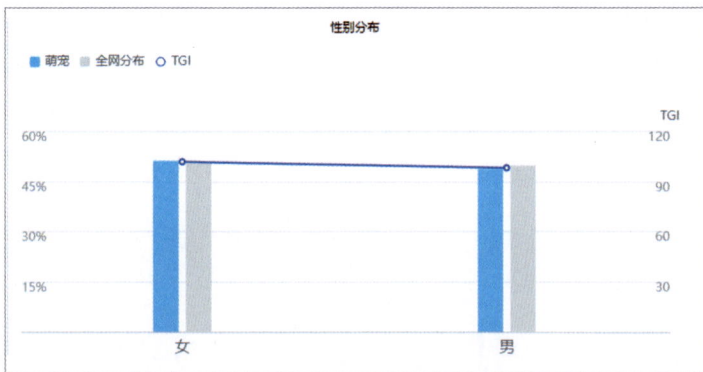

"萌宠"的性别分布

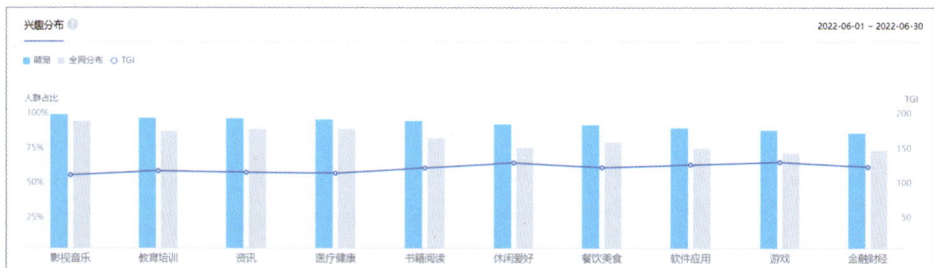

"萌宠"的兴趣分布

　　从用户画像中，可以看到搜索"萌宠"（分享类视频、生活类视频）的用户从地域排名来看广东、江苏、山东位列前三。搜索者中男性比例与女性比例几乎持平，30～39 岁的搜索者居多。所以，制作的内容就可以稍微偏向年龄段在 30～39 岁的全部性别人群，投放广告时，可以以广东、江苏、山东等为主。

示例 2：旅游类数据分析

　　以下是百度指数中，以"旅游"为关键词搜索到的相关用户信息。

"旅游"的搜索指数

"旅游"的资讯指数

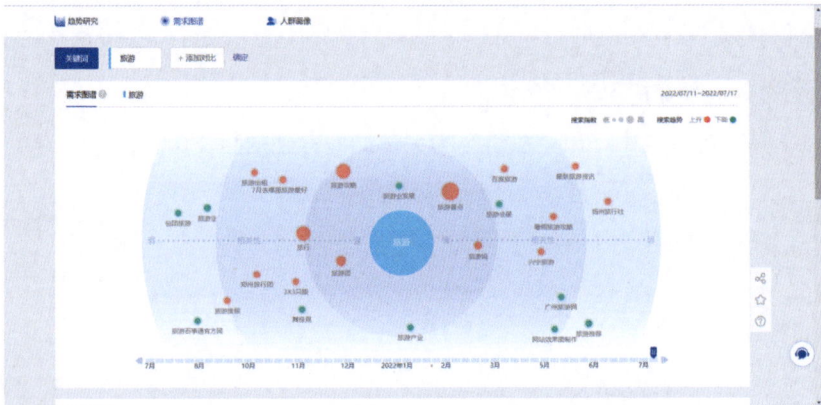

"旅游"的需求图谱

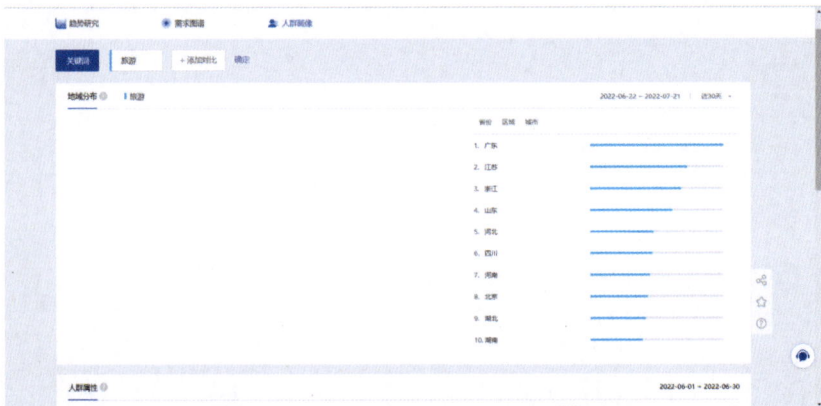

"旅游"的地域分布

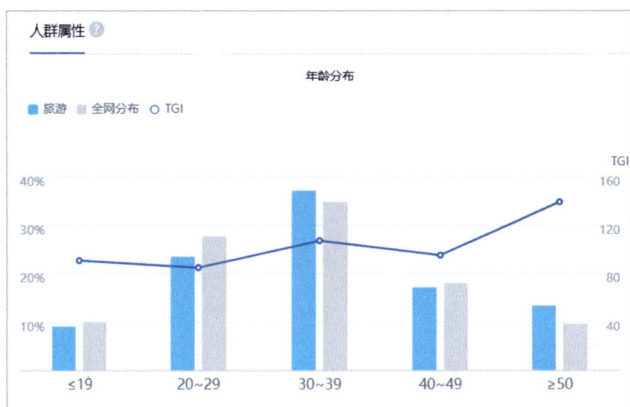

"旅游"的年龄分布

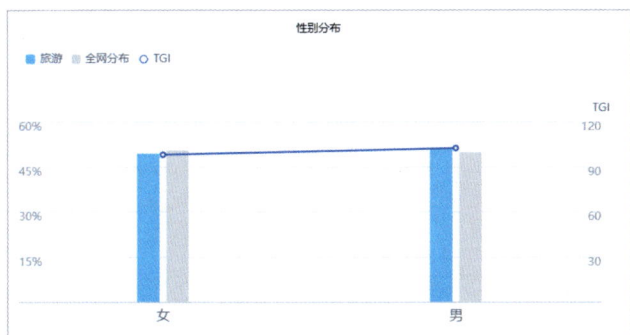

"旅游"的性别分布

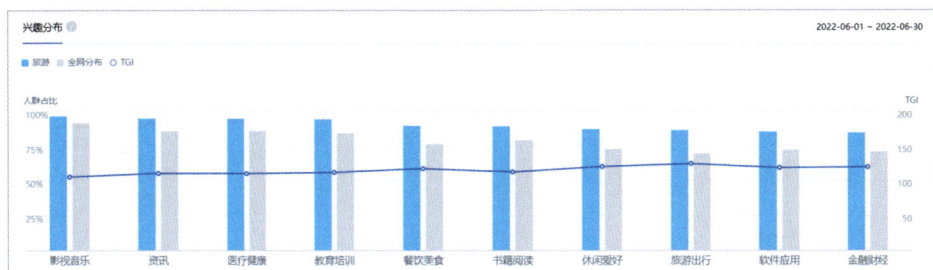

"旅游"的兴趣分布

　　从用户画像中，可以看到搜索"旅游"（常规类视频、生活类视频）的用户从地域排名来看广东、江苏、浙江位列前三。搜索者中男性比例与女性比例几乎持平，30～39岁的搜索者居多。所以，制作的内容就可以稍微偏向年龄段在30～39岁的全部性别人群，投放广告时，可以以广东、江苏、浙江等为主。

3.3 视频大纲的规划

本节讲解短视频大纲的规划。关于大纲规划，可以在拍摄前梳理一个可视化的列表，把相关的脚本、分镜、配音、字幕、时长等信息放在可视化列表中，根据列表去准备拍摄的素材，进行短视频的拍摄。

3.3.1 可视化列表

可视化列表一般会包括以下内容。

- 篇章题目。
- 镜头如何使用：特写、大场景、运镜。
- 画面及内容：拍摄的背景和道具等。
- 角色及内容：角色的扮演和台词等。
- 配音解说词。
- 字幕。
- 拍摄时间。
- 相关备注。
- 结尾。

下面是一个短视频拍摄的可视化列表模板。

主题：《回家》。

思路：通过场景布设、服饰穿搭、演员的肢体动作以及随身携带的辅助道具等诠释主题；需演员 3 人、客厅背景 1 套（包含沙发、茶几、绿植、电视、电视柜等）、演员道具若干（包括手机、礼盒、茶杯等）。

镜头序号	拍摄地点	景别	拍摄手法	镜头时长	内容简述	道具	配音

3.3.2　拍摄素材的准备

做好可视化列表之后，接下来就是拍摄素材的准备。依据做好的列表对应准备资料和道具，准备完成后即可开始拍摄。建议经验不足的新手在未具备脱稿筹备能力前严格按照列表中的步骤来拍摄视频，这样做的好处是可以使视频更有规划性，在某个环节出现问题时有相应记录，可以更好地改进，避免重复劳动和浪费时间。

3.4　短视频创作的三大规则

短视频都有规律可循，在拍摄和制作中遵守规则可以避免无效的重复劳动，提高效率和质量。本节就来介绍短视频创作的三大规则。

3.4.1　总时长

短视频是以秒计算的视频，时长在 15 ～ 30 秒的短视频更具有播放优势，除非长视频的内容真正高质、能吸引用户。有统计数据表明，对于 15 ～ 30 秒的视频，用户的接受度和转发率会更高。

我们以"搞笑"为关键词，搜索到下页左图的视频并进行举例。该视频的总时长恰好在 15 ～ 30 秒，对白不超过 20 句话。故事内容看似简洁，却因为设置了一个两极反转使剧情可以引发人们的多种想象。我们可以看到视频获赞数、评论数、收藏数和转发数均很高，该视频就属于常说的高赞视频，其在剧情之外，最成功的一点就是把视频的时长把控得很好，故事节奏不拖沓，环环相扣。

我们继续以"搞笑"为关键词，搜索到一条时长 2 分 20 秒的视频。此视频相对其他同类型同时长的短视频来说，已经属于获赞数、评论数、收藏数和转发数较多的，但因为时间较长，所以人们观看的注意力也会随之下降，能看完整条视频的人数明显少于前者。

搞笑类短视频 1   搞笑类短视频 2

3.4.2　片头聚焦

视频前 5 秒的片头聚焦很重要，因为它能一下子抓住观众的"眼球"，起到决定视频吸引力的关键作用。制作片头时要注意取好标题、做好封面，通过语言、背景、配乐或主题快速吸引观众的注意力，激发观众观看的欲望。在视频中间应适当布置聚焦点，如果视频中每隔 10 秒或 20 秒就有一个聚焦点，观众就会一直被视频内容所吸引。结合以上两点，整体的视频节奏需要在前期拍摄时进行详细的规划和整理，避免拍到一半发现节奏不对废弃重拍。

以下面的短视频为例。该短视频通过前 5 秒的总结，迅速扣题，引导关心这个话题的观众一探究竟，从而起到留住观众的目的。可以看到，视频整体的节奏把控重心都放在了片头，先用观众可能感兴趣的话题吸引观众，并不断引导观众的观看思路。即使后面的讲述节奏趋于缓慢，也不影响观众愿意继续看完。

前 5 秒内容的要点。

1. 抛出话题，告诉你这个视频可以解答你的问题。

2. 用疑问句或其他有吸引力的话术"抓住"观众。

| 热门短视频片头 1 | 热门短视频片头 2 | 热门短视频片头 3 |

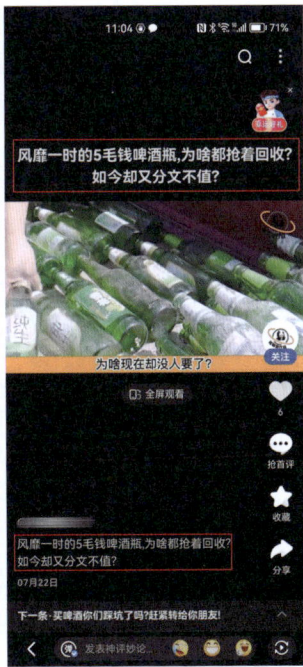

3.4.3　结尾悬念

　　结尾悬念也很重要。视频的完播率关系到视频后期推送的流量和用户看到该视频的机会。列举一个关键技巧，高流量电影剪辑和电影解说视频通常会分为三部分，创作者在每一部分结尾设置一个小高潮，在观众专注观看的时候，贴出类似"欲知后事如何，请听下回分解"的语句，观众就会很想知道整部影片的进展和最后结局，引导观众继续观看视频。结尾悬念很重要，一定要让观众产生想要继续看下去的欲望、想收藏作品的欲望，以及想要翻看更多作品的欲望。

　　以下面的短视频为例，在标题"结尾……"就设置了悬念，剧情的设计也是环环相扣，在讲述第一件事情时，就抛出了后面可能会发生的情况，引发观众好奇，在临近结尾时，突出故事中心主题，以反差结尾为主，引导观众从头看到尾。在题材选择上，可以选择大家普遍感兴趣的话题类型，也可以选择很少出现的猎奇类型。

短视频画面 1

短视频画面 2

3.5 短视频发布时间段

在黄金时间段发布短视频，会得到更有效的推送。通常来说，短视频的黄金发布时间包括以下三个时间段。

- 6:00 ～ 9:00：上班前，人们通常在搭乘公共交通工具的碎片化时间里看短视频。
- 12:00 ～ 14:00：午休前后，在排队取餐、吃饭或午休时间看视频。
- 20:00 ～ 24:00：下班后的休息时间，是看视频的黄金高峰期。

第 **4** 章

短视频的拍摄设备与视频设定

在创作短视频的过程中，常见的拍摄设备有：手机、相机、无人机等，以及适用于这些拍摄设备的配件，例如三脚架、补光灯、稳定器等。本章主要介绍的就是短视频拍摄中用到的几种主流拍摄设备、配件等，旨在通过介绍它们的功能和使用方法，帮助大家选择更适合自己的拍摄设备，拍出具有自己独特风格的短视频大片。

4.1 手机及其配件

如果你刚接触 Vlog，由于资金有限，想拍摄练手，对视频画质要求不高，不建议一上来就购买专业的 Vlog 相机。现在手机的录像功能非常丰富，完全能够满足拍摄短视频的需求。你只需要一部手机和一台稳定器，就可以开始制作 Vlog 了。最重要的是，手机无疑是拍摄短视频的较轻便的设备，可以让你走到哪拍到哪，随时随地记录每一个精彩瞬间。

或许有人会说，拍照还行，但自己没学过专业的视频拍摄，也不懂转场和配乐，更不会剪辑，根本拍不了好看的视频。其实，短视频拍摄并没有你想象的那么难。只要你的手机有录像功能，就够了。

有些酷炫的视频看起来很难拍摄，其实操作起来并不复杂。为了让大家能用手机随时随地拍出酷炫的短视频，接下来我们将分别介绍苹果手机和安卓手机的录像功能，以及其他配件的使用方法。

4.1.1 苹果手机

苹果是市面上主流的手机品牌之一，苹果手机的镜头具有色彩还原度高、光学防抖、夜景拍摄清晰、智能对焦、快速算法支持等特点。

以 iPhone 13 Pro 为例，其搭配了 4 个摄像头，分别是前置摄像头、长焦镜头、超广角镜头和广角镜头，前置摄像头 1200 万像素，后置镜头 1200 万像素，一部手机可满足多种环境下的拍摄需求。

长焦镜头、超广角镜头、广角镜头

打开相机，可以看到苹果手机的拍摄界面简单明了。选择"视频"，点击"录制"按钮即可开始视频的录制；再次点击"录制"按钮即可停止录制。延时摄影、慢动作等功能也可以给短视频拍摄提供不同的画面风格和思路。

进入相机的设置界面，可以设置录制视频的格式、分辨率和帧率，还可以开启 / 关闭录制立体声。

苹果手机的录像界面   相机设置界面

4.1.2　安卓手机

市场上的安卓手机涵盖多种手机品牌，为了满足进阶玩家的摄像需求，这些安卓手机品牌开发商争先恐后地开发出了更为全面的录像功能。

以荣耀 70 为例，其前后共搭配 4 个摄像头，后置摄像头为 5400 万像素视频主摄 +5000 万像素超广角微距主摄 +200 万像素景深摄像头，前置摄像头为 3200 万像素 AI 超感知主摄，支持手势隔空换镜。双镜设计，自带主角光环。

荣耀 70 系统自带的视频功能较苹果手机更为丰富多样。除了常规的录像功能之外，该手机还提供了多镜录像功能以及慢动作、延时摄影、主角模式和微电影功能，极大程度地丰富了拍摄手法的多样性。

| 荣耀 70 | 手机的录像界面 | 设置界面 |

使用多镜录像功能可以双屏录制视频，并且可以随时在前 / 后、后 / 后、画中画等镜头之间切换。

荣耀手机的多镜录像（画中画）界面

多镜录像功能的镜头切换

　　Vlog 主角模式可同时输出两路视频画面，包括主角画面和全景画面，全景的美好、局部的精彩，一录双得，不留遗憾。两路视频画面都支持 1080P 高清、美颜效果，双路体验不妥协。

Vlog 主角模式界面

　　进入相机的设置界面，同样可以设置视频的格式、分辨率和帧率，还可以开启 / 关闭隔空换镜。

拍摄设置界面

4.1.3 蓝牙遥控器

蓝牙遥控器

尽管大多数手机都自带手势拍照、声控拍照、定时拍摄功能，但有时也会因为拍摄者与手机距离太远导致拍摄失败。在这种情况下，蓝牙遥控器就能够很好地解决这一问题，方便我们自拍视频。只需将蓝牙遥控器和手机连接成功，在支持的距离范围内按下蓝牙遥控器上的快门，就能够开始视频的录制了。

这种远距离控制手机进行视频拍摄的方法，适用于无人帮忙、空间狭窄等场景，让短视频拍摄更加轻松、自如。

4.1.4　外置手机镜头及滤镜

手机的拍摄性能虽然越来越好，但还是以数码变焦为主，通过单张画面的缩放来实现景物的缩小或放大，所以画质往往不够理想。要想得到更好的画质效果，还需要外置手机镜头的帮助。

外置手机镜头是一个单独的设备，需要和手机镜头搭配使用，是在原有的手机镜头上作为辅助使用的。

使用方法：将外置手机镜头覆盖在手机原有镜头的表面。

外置手机镜头的作用是为拍摄带来更多的玩法和更好的成片效果，改变原有的拍摄距离，提升拍摄的轻便性。带着相机出门有很多不便，现在很多人更愿意用手机录制短视频，但想要拍近距离的事物或者更远处的风景，或多或少都受到了一点局限，而外置手机镜头恰好解决了这一问题。

使用不同的外置手机镜头可以达到不同的拍摄效果。常见的外置手机镜头分为广角镜头、长焦镜头、微距镜头、鱼眼镜头，此外还有 CPL 偏光镜、星光镜等镜头滤镜。下面我们就来介绍一下不同外置手机镜头的拍摄效果。

外置手机镜头

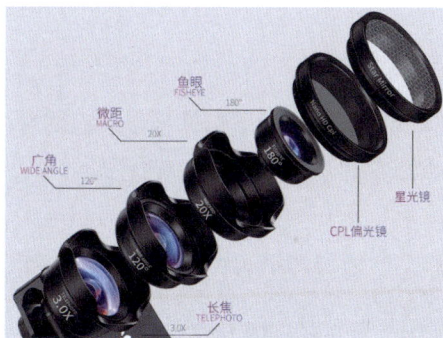

外置手机镜头及滤镜类型

广角镜头

广角镜头适用于拍摄风光等大场景。例如短视频拍摄中需要拍下一整栋楼或几栋楼，采用普通的镜头只能拍到楼体的一部分，而使用广角镜头，则可以把整栋楼都拍摄进去。

使用广角镜头拍摄的视频画面

长焦镜头

长焦镜头适用于拍摄短视频的远景部分。目前手机拍摄的长焦画面的画质不够理想，如果大家特别喜欢长焦镜头的拍摄效果，可以去选购专业的长焦镜头进行尝试。

使用长焦镜头拍摄的视频画面

微距镜头

微距镜头适用于拍摄短视频中的细节，例如拍摄昆虫、花蕊和花瓣等细节部分，也有专业的微距镜头供大家选购。

使用微距镜头拍摄的视频画面

鱼眼镜头

鱼眼镜头适用于拍摄短视频中的圆形景物，如圆形剧场、广场的全景和天空等。大家可以根据摄影需求去购置鱼眼镜头。

使用鱼眼镜头拍摄的视频画面

CPL 偏光镜

CPL 偏光镜的主要作用是过滤场景中大量杂乱的反射和折射光线，只让特定方向的光线进入镜头，这样可以提升成像画面的对比度，让画面变得更通透，并且色彩感更浓郁。

使用 CPL 偏光镜拍摄的视频画面

星光镜

星光镜可以使场景中点光源所发出的光线呈现美丽的星芒效果。使用星光镜在晚上拍照或者拍一些很亮的景物时也会产生星芒效果。

使用星光镜拍摄的视频画面

4.1.5　手机三脚架

拍摄固定镜头时，手持的效果不够稳定，需要防抖设备的辅助，手机三脚架就能起到固定手机的作用。市面上常见的手机三脚架有以下几种类型：桌面三脚架、八爪鱼三脚架、专业三脚架等。

桌面三脚架具有尺寸小、稳定性可靠的优势，材质有金属、碳纤维和塑料等。桌面三脚架多用于辅助拍摄室内场景。

八爪鱼三脚架的尺寸较小，此类三脚架的脚管是具有柔性的，可以弯曲绑在栏杆等物体上，使用比较方便。但相较于桌面三脚架来说，八爪鱼三脚架的稳定性有所欠缺。

专业三脚架具备伸缩脚架、云台、手柄等部件，脚架高度可随意调节，支持360°全向旋转，多用于辅助拍摄室外场景。

| 桌面三脚架 | 八爪鱼三脚架 | 专业三脚架 |

购买手机三脚架时需要注意支架高度、承重度和防抖功能。

高度：在购买手机三脚架时，要根据自己的需求和摄影对象来考虑合适高度的手机三脚架。例如在拍摄风景、人等对象的时候，就需要选择高一些的手机三脚架；而桌面拍摄一些讲解类的短视频时，矮一些的桌面三脚架则会成为首选。

承重度：承重度越大，手机三脚架越稳定。一般来说，金属材质的手机三脚架承重度会大一些，但这类金属材质的手机三脚架往往要昂贵一些，而塑料材质的手机三脚架则便宜很多。

防抖：从某种意义上说，手机三脚架的防抖性能与承重度是成正相关的，承重度越大的手机三脚架的稳定性越高。对于拍摄单独的照片来说，稳定性可能没那么重要，但对于拍摄视频来说，防抖性能越好的手机三脚架越值得购买，当然，价格也会越高。

不要以为只要有手机三脚架就可以固定手机了，实际上，在手机与手机三脚架之间还需要几个小附件进行连接：一个是快装板，先安装在手机三脚架上，再去连接手机夹；还有一个是手机夹，用于夹住手机。

快装板

手机夹

4.1.6 手机稳定器

手机稳定器

使用一个大疆的四代或者五代的手机稳定器，就足够完成一条视频的拍摄了。一部手机和一台手机稳定器足够轻巧，可以直接放入包里，到哪里都可以立刻开始记录。手机稳定器能够帮助我们在拍摄视频的过程中消除手机的抖动，使拍摄出来的视频画面更加稳定。

手机稳定器具有多种功能，以 DJI OM 5 为例，它采取磁吸式固定手机的方式，用户可轻松将手机拆卸安装于稳定器上，三轴增稳云台设计让拍摄画面更加防抖，即便在运动场景中画面也能保持稳定。内置延长杆可延长 21.5cm，将自拍杆和稳定器进行了融合。

拍摄指导功能（需下载配套 APP）可以智能识别场景，推荐适合的拍摄手法及教学视频，帮助用户轻松出大片；也能根据所拍素材智能推荐一键成片，让记录、剪辑、成片一气呵成。

拍摄指导功能截图

　　智能跟随模式（需下载配套 APP）可智能识别选定人物、萌宠，使被摄主体始终位于视频画面居中的位置，让人物或萌宠在运动过程中也可始终处于画面中间。

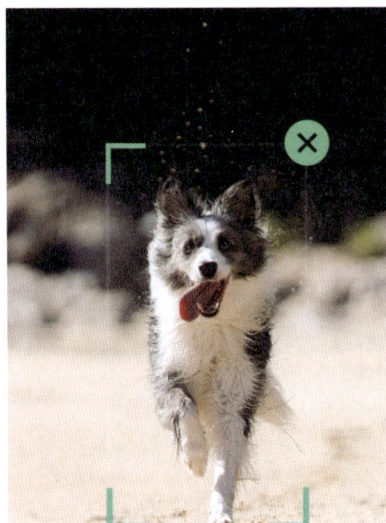

智能跟随模式拍摄画面

　　此外，DJI OM 5 还具备全景拍摄、动态变焦、延时摄影、旋转拍摄、Story拍摄等辅助模式，让素材的拍摄更加轻松。

补光灯

4.1.7 补光灯

补光灯小巧、便携，补光效果柔和均匀。在拍摄短视频时，可以使用这种非常简单、性价比高的灯具。一般来说，补光灯可以让拍摄出来的人物皮肤更显白皙。

4.2 相机及其配件

拍摄短视频常用的相机主要有运动相机、口袋相机和专业相机，除此以外还会配备相机三脚架和相机稳定器等，下面我们详细讲解不同拍摄器材的基本信息。

4.2.1 运动相机

运动相机是紧凑型摄影录像一体机，易于使用、坚固耐用，具备防水、防尘、光学防抖功能。使用运动相机用户既可拍摄第一人称的运动画面视角，也可拍摄视频和静止图像。运动相机体积小、重量轻，更适合拍摄跳伞、滑板、骑行、跑步、游泳、潜水等运动场景。运动相机拥有丰富的配件群，可根据不同场景搭配不同种类

运动相机

的配件。运动相机可以安装在传统相机和智能手机无法安装的地方，比如车顶、头盔、领口、背包处，甚至宠物身上，获得全新角度的视频影像资料和观感体验。

运动相机的优势在于，其特殊的取景方式会给画面带来更多的冲击力和新奇感，方便录制沙漠、水底等场景的视频。不足之处就是弱光下拍摄质量会下降，拍摄出来的视频会噪点"爆炸"，使用场景特点明显，受限也较为明显，电池续航时间不长且无法使用外置电源。

使用运动相机在水下拍摄

以 GoPro 为例，作为一款运动相机，它有着强大的防抖功能，用它来拍摄运动题材和旅游题材的视频再合适不过了。比如边走边播这种形式的旅游类 Vlog，就可以用 GoPro 来拍，GoPro 的体积小，不太会吸引路人的注意。GoPro 广角镜头的拍摄范围够广，自拍时能录到身后的环境。GoPro 可使用转接头也能外接麦克风。

4.2.2　口袋相机

口袋相机具有三轴的机械云台，增稳效果较好，并且可以控制移动相机的角度，带

GoPro HERO10 Black

有智能跟随功能，更适合拍摄人物、景物、美食、生活类题材的视频。如果想挑选一款轻巧、功能强大的拍摄设备，但不想在设备上投入过多，可以选择用口袋相机进行拍摄。

以大疆 DJI Pocket 2 为例，它能拍摄 6400 万像素照片和 4K 60 帧视频。具有小巧的三轴云台，稳定性能很好，平时可放在背包里面，想要拍的时候就拿出来，一点都不累赘。DJI Pocket 2 背面有一个小屏幕，用户自拍时能从中看到自己。DJI Pocket 2 完全能作为一部很好的视频拍摄设备。

口袋相机

4.2.3 专业相机

如果你想制作比较专业的短视频，对画质有比较高的要求，可以选择专业相机作为拍摄设备。专业相机具有更强的续航能力，且能应对更多的极端环境，稳定可靠。缺点则是其结构复杂且内部装置较多，因此其体积较大，重量也比较大，一般都需配备专门的相机包、三脚架、防潮箱等配件。

专业相机

你可以根据自己的预算来选择合适的相机。

如果你是美食、美妆类视频博主，希望设备操作简单，拍摄人像漂亮，可以考虑佳能 G7X Mark II。很多 Vlog 博主都在使用这款相机，它带有美颜功能，有翻转屏，方便自拍。缺点是没有麦克风接口，收声对拍摄环境要求较高，另外电池续航能力比较弱。

如果你对画质有一定要求，并且有一定的剪辑能力，可以考虑专为拍摄 Vlog 设计的索尼 ZV-1。它非常轻巧，能够拍摄 4K HDR、s-log3 等专业格式的视频，内置立体声收音麦克风，也有侧翻屏，对焦强大稳定。值得一提的是，这台机器有产品展示功能，当有需要展示的物件靠近相机时，其能够迅速自动对焦到物件上，非常适合有产品推荐需求的博主。

如果以上设备都不能满足你的需求，你还需要相机有更强大的虚化、4K、防抖、对焦、高感等功能，那么可以考虑价格更高的其他机型，比如索尼 A7M3、A7M4、A7R3、A7R4 等。

当然，除了对相机的投入，还需要配置镜头、稳定器、收音麦克风、滑轨、云台、剪辑计算机等，同时要有很强的后期剪辑能力。如果以上这些都具备了，那么马上开始你的创作吧，阻碍你的恐怕只有拍摄的创意了。

摄影创意图

4.2.4　相机三脚架

相机三脚架的功能和手机三脚架类似，主要起固定增稳的作用。较常见的相机三脚架材质是铝合金和碳纤维。铝合金三脚架重量轻、十分坚固；碳纤维三脚架则有更好的韧性，重量也更轻。

相机三脚架按最大脚管管径分类可分为32mm、28mm、25mm、22mm等。一般来讲，管径越大，相机三脚架的承重越大，稳定性越强。选择相机三脚架的一个要素就是稳定性。在材质、长短合适的前提下，许多职业摄影师会在相机三脚架上吊挂重物，通过增加重量和降低重心的方法来获得更好的稳定性。

相机三脚架

4.2.5　相机稳定器

手持相机拍摄视频时，由于手抖和人走路时的颠簸，画面会非常不稳定，让人看了头晕。为了拍摄画面的稳定性，我们通常需要借助外界设备来稳定相机，比如安装相机稳定器。

在相机稳定器领域中，除了常见的大疆品牌以外，另一国产品牌智云的表现也令人惊喜。作为目前相机稳定器领域的龙头企业，大疆和智云基本能够让消费者享受到出色的稳定器体验。

相机稳定器

如何正确使用相机稳定器，相机稳定器的使用技巧有哪些，相机稳定器的功能有哪些？下面以智云云鹤 2S 为例，介绍相机稳定器的使用方法和主要功能。

智云云鹤 2S

首先，将相机安装在相机稳定器上，手持相机稳定器，这样相机拍摄的画面就非常稳定了。

在将镜头推近和拉远的时候，我们同样手持相机稳定器，保证画面稳定不晃动。

在侧面跟拍的时候，我们要注意手持相机稳定器的方向和迈步的频率，避免画面的突然晃动。

在跑步跟拍的时候，即使有相机稳定器的加持，画面也很难保持足够的稳定，这个时候我们需要保证自身的平衡，避免出现大幅度的晃动。

环绕拍摄时，我们只需单手持相机稳定器即可。

还有一个技巧就是在推近拉远镜头的过程中，同时旋转相机稳定器，使画面具有天旋地转的感觉。

智云云鹤 2S 还提供了很多进阶玩法，例如巨幕摄影、定点延时、移动延时、长曝光动态延时等，在普通拍摄的基础上加上这些进阶玩法，想拍摄出绝妙大片绝非难事。

巨幕摄影

定点延时

长曝光动态延时

4.2.6　柔光板

柔光板的主要作用是柔化光线，在不改变拍摄距离和背景的情况下，阻隔主光源和被拍摄物体间的强光，有效减弱光线。

柔光板

4.2.7　反光板

用灯具为场景或物体进行补光，有时光线会让人感觉较硬，拍出来的画面不够柔和。这时可以使用反光板，将灯光打在反光板上，借助反光板的反光进行补光，画面的光效即可变柔和。反光板有白色、银色、金色等多种颜色，借助不同颜色的反光板可以营造出不同色调的反光。

反光板

4.2.8　摄影灯

可调节式摄影灯是短视频拍摄中常见的一种灯具。在影棚内拍摄短视频时，可以考虑使用这种灯具。这种摄影灯可以调出冷光、暖光、柔光和散射光等。不同功能的摄影灯价格也不一样。大家可以根据自己的摄影需求去选择不同的摄影灯。

摄影灯

除了摄影灯外，一般的 LED 灯、补光灯、手电筒、道具灯等都可以作为补光灯具使用，只要搭配合理，也能营造出很好的画面效果。

补光棒、柔光伞等道具

4.3 无人机

无人机也被称为飞行相机。近年来，随着无人机技术的成熟，航拍也逐渐走入大众视野。目前无人机搭载的镜头性能强大，成像效果不亚于相机。以大疆 Mavic 3 为例，该无人机采用哈苏镜头，搭配广角镜头和长焦镜头，支持 4K 画质拍摄。相机云台自带三轴稳定器，为视频减少抖动提供了有力的支持和保障，同时还具备一键成片、智能跟随、大师镜头、全景拍摄、延时拍摄等辅助功能，可通过系统预设内容自动完成镜头拍摄，方便新手快速掌握拍摄技巧和方法。

无人机

　　无人机的优势是可在相机达不到的高度进行拍摄，缺点在于无人机操控技术需学习，飞行的安全法规也需掌握，并且需要考取无人机驾照。

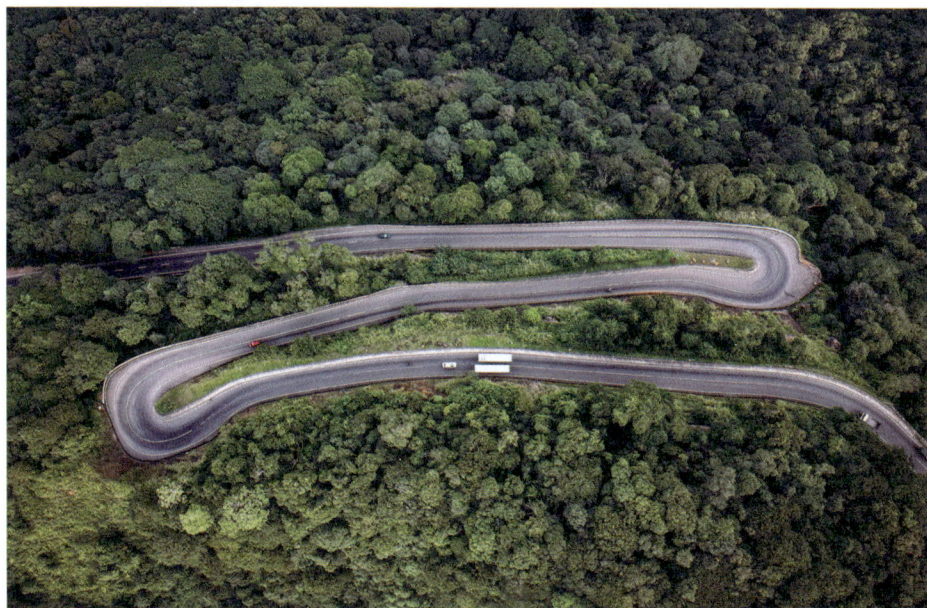

航拍视频画面 1

航拍视频画面 2

航拍视频画面 3

4.4　设置合适的参数

　　视频的格式、分辨率以及帧率是在短视频拍摄的过程中需要了解的概念，本节重点讲解视频参数的设置。掌握了以下内容，你的短视频作品将会更专业。

4.4.1　视频格式

　　这里列举了几个常用的视频格式。

MP4

　　MP4 是一种使用 MPEG-4 的多媒体格式，副档或扩展名为".mp4"，是一套用于音频、视频信息的压缩编码标准，以储存数码音讯及数码视讯为主。MPEG-4 是一个公开的平台，所以市场上有很多基于 MPEG-4 技术的视讯格式。

MKV

MKV 是一种多媒体封装格式，具有容错性强、支持封装多重字幕、可变帧速、兼容性好等特点。它不是一种压缩格式，是一种开放标准的自由的容器和文件格式，包含很多开源软件，能容纳多种不同类型编码的视频、图片、音频及字幕轨道等。

AVI

AVI 是微软公司在 1992 年发布的视频格式，它的体积比较庞大，在视频领域可以说是最悠久的格式之一。AVI 调用方便、图像质量好，压缩标准虽然可任意选择，但是由于不统一，所以有时候会导致在一些播放器中无法播放。

MOV

MOV 是由苹果公司开发的一种音频、视频文件格式，也就是平时所说的 Quick Time 影片格式，常用于存储音频和视频等数字资源。

WMV

WMV 是一种数字视频压缩格式，它是由微软公司开发的一种流媒体格式，比较适合在网上传播，音频、视频可同步播放，主要特征是媒体类型可扩充、支持本地或网络回放、支持多语言、扩展性强等。

FLV/F4V

FLV 是一种新的视频格式，也就是以前的 flash，它的好处就是容量小，所以特别适合在网页上播放。F4V 是 Adobe 公司推出的继 FLV 后的支持 H.264 的流媒体格式。F4V 较 FLV 更加清晰，后者的码率最高可达 50M/s。

REAL VIDEO

REAL VIDEO 是由 RealNetworks 所开发的，扩展名为 ".ra" ".rm" ".ram" ".rmvb"。

ASF

ASF 意为高级串流格式，是微软公司为了和 Real Player 竞争而推出的一种可以直接在网上观看视频的文件压缩格式。ASF 使用了 MPEG-4 的压缩算法，压缩率和图像的品质效果都不错。

4.4.2　视频分辨率

视频分辨率，是用于度量图像内数据量多少的一个参数，通常用画面宽 ×
高像素值的方式来表示，在单位尺寸内像素（Pixels Per Inch，通常简称为 ppi）
一定的前提下，分辨率越高，画面尺寸越大。

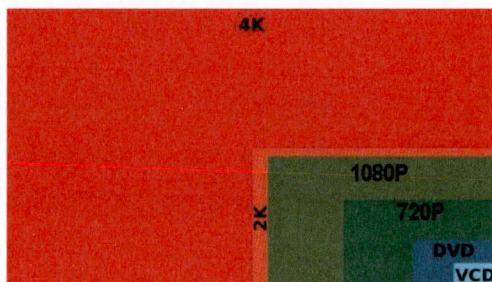

分辨率与画面尺寸

例如视频的分辨率 320 像素 ×180 像素，是指它在横向和纵向上的有效像素。
窗口小时 ppi 较高，视频看起来清晰；窗口放大时，由于没有那么多有效像素填
充窗口，ppi 下降，视频看起来就模糊。

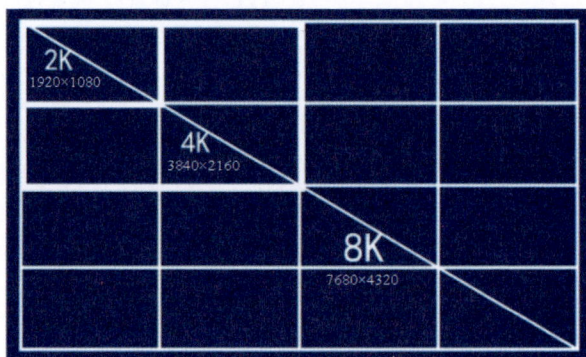

分辨率示意图

画面宽和高的像素值决定了分辨率，同时也决定了宽高比例。

4∶3 是十分常见的屏幕比例，在近代宽屏幕兴起前，绝大多数都是这个比例。

16∶10 就是常见的宽屏幕比例，近几年在市场份额占比很大。

16∶9 主要是 HD 电视使用的比例，常见的分辨率有 720P、1080P 等。

对于视频分辨率，通常可以用 720P、2K、4K 等方式描述。

- 720P 的分辨率为 1280 像素 ×720 像素；
- 1080P 的分辨率为 1920 像素 ×1080 像素；
- 2K 的分辨率为 2560 像素 ×1440 像素；
- 4K 的分辨率为 3840 像素 ×2160 像素；
- 8K 的分辨率为 7680 像素 ×4320 像素。

其中 "P" 全拼为 Progressive，含义为逐行扫描，表示纵向有多少行像素，比如：720P 表示纵向有 720 行像素、1080P 表示纵向有 1080 行像素。

4.4.3　视频帧率

在描述视频属性时，我们经常会看到 50Hz 1080i 或 50Hz 1080P 这样的参数。

首先这里明确一个原理，即视频是一幅幅连续运动的静态图像，持续、快速地显示而生成的。

视频图像实现传播的基础是人眼的视觉残留特性，每秒连续显示 24 幅以上的不同静止画面时，人眼就会感觉图像是连续运动的，而不会把它们分辨为一幅幅静止画面，因此从再现活动图像的角度来说图像的刷新率必须达到 24Hz 以上。这里，一幅静态画面称为一帧画面，24Hz 对应的是帧频率，即一秒显示 24 帧画面。

24Hz 只是能够流畅显示视频的最低值，实际上，帧频要达到 50Hz 以上才能消除视频画面的闪烁感，并且此时视频显示的效果会非常流畅、细腻。所以，当前的很多摄像设备已经出现了 60Hz、120Hz 等超高帧频的参数性能。

24Hz 的视频看起来并不是特别清晰流畅

60Hz 的视频画面看起来更流畅

帧

视频品质跟帧有关系，那么帧是什么呢？我们小时候看过的小人书，其每一页的图片都不一样，连续翻动这本书的时候，就可以看到一个连续的动画。视频也是一样的，它是由非常多的连续的图像构成的，每张图像称为一帧（Frame），而视频帧通常是 YUV 格式的［"Y"表示明亮度（Luminance、Luma），"U"和"V"则表示色度（Chrominance）］。

帧率（FPS）

帧率（FPS），英文全称 Frame Per Second，指每秒传输的帧数，或者每秒显示的帧数。帧率直接影响画面流畅度，也就是说，帧率越高，画面越流畅；帧率越低，画面越容易出现闪烁感。比如有 2 本小人书，它们分别是由 2 张图片和 20 张图片组成的，那么肯定是 20 张图片的小人书翻动起来形成的动画更流畅。

码率（BPS）

码率（BPS），也叫取样率，英文全称 Bit Per Second，指每秒传送的数据位数，常见单位为 Kbps（千位每秒）和 Mbps（兆位每秒），码率越高单位时间内取样率越高，数据流精度就越高，视频画面就越清晰，画面质量也越高。

总结：分辨率影响视频的大小和清晰度，帧率影响视频的流畅度，码率影响视频的体积。

第5章

提升视频表现力的6个关键点

除内容、结构等要素之外，视频画面自身的表现力，包括视频的播放速度、流畅度、画面明暗等画质因素也是我们评判视频品质的重要标准。本章我们将介绍如何提升视频表现力。

5.1 如何保证画面的速度与稳定性

　　如果镜头的运动速度比较快，那么最终的视频画面切换速度也会比较快，给观者留下的反应时间会比较短，导致观者无法看清画面当中的内容，画面给人的观感就不够理想。所以通常来说，镜头运动的速度不宜过快，要让每一帧画面都足够清晰，这样才能更好地表现画面内容。

　　可以看到，如果镜头运动速度太快，画面可能是模糊的；而如果镜头运动速度慢一些，截取的画面就足够清晰。

镜头运动过快的画面　　　　　　　　　　　镜头运动速度适中的画面

　　拍摄运动镜头，身体的重心会随着脚的移动而进行前后或左右变化，这就会导致视频画面产生抖动，画面不够平稳。要拍摄非常稳定的视频画面，通常我们要确保身体不要有过大的运动幅度，并且要保持手部的稳定性。

　　从以下视频截图来看，画面在短时间内出现了较大的位移，这是一种非常明显的抖动，给人的观感也不会好。

抖动幅度过大的视频画面 1　　　　　　　　抖动幅度过大的视频画面 2

为了获得较好的视频效果，我们往往需要使用一些稳定设备来得到平滑过渡的视频。手机稳定器、相机稳定器或相机"兔笼"等稳定设备，都能够帮助我们有效提升画面的稳定性。

手机稳定器

相机"兔笼"

装好"兔笼"的单反相机

5.2 怎样防闪烁与防跑焦

5.2.1 视频闪烁问题

如果场景光线过于复杂，那么我们拍摄的视频画面就有可能出现频繁闪烁，导致视频画质下降。比如，场景当中有一些乌云或遮挡物在光源前出现，会导致相机或手机的测光出现问题，拍到的视频画面就会出现频繁的闪烁。

此外，还有一种情况，即我们拍摄从天亮到天黑或从天黑到天亮的延时视频时，相机或手机在拍摄过程中会自动调整曝光，这样也会导致视频画面出现闪烁，这都会降低视频的品质。

下面的画面当中，乌云在明亮的星体前流动，画面出现了明显的闪烁。

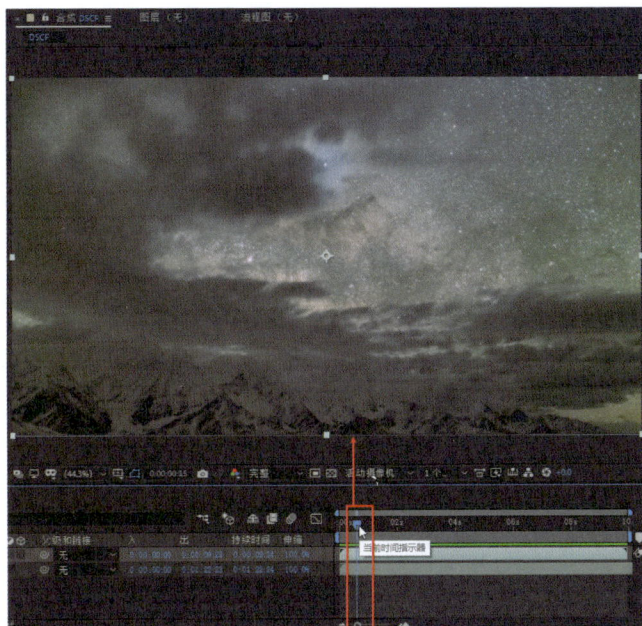

闪烁严重的延时视频画面 1

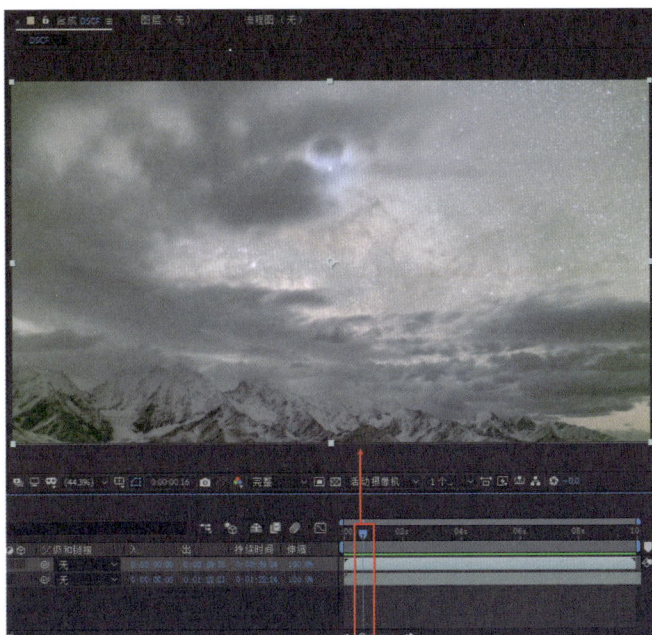

闪烁严重的延时视频画面 2

要预防视频的闪烁，前期对曝光进行锁定是比较好的方法。

但在拍摄一些日转夜或者夜转日的延时视频时，是不能锁定曝光的，如果出现了视频的闪烁，就需要进行后期去闪。

一种比较简单实用，也更适合绝大部分用户的方法是直接利用插件对拍摄完成的视频进行去闪，经过两三次去闪之后，就能得到明暗过渡平滑的画面效果。

在 After Effects 软件中借助于 DEFlicker 插件去闪

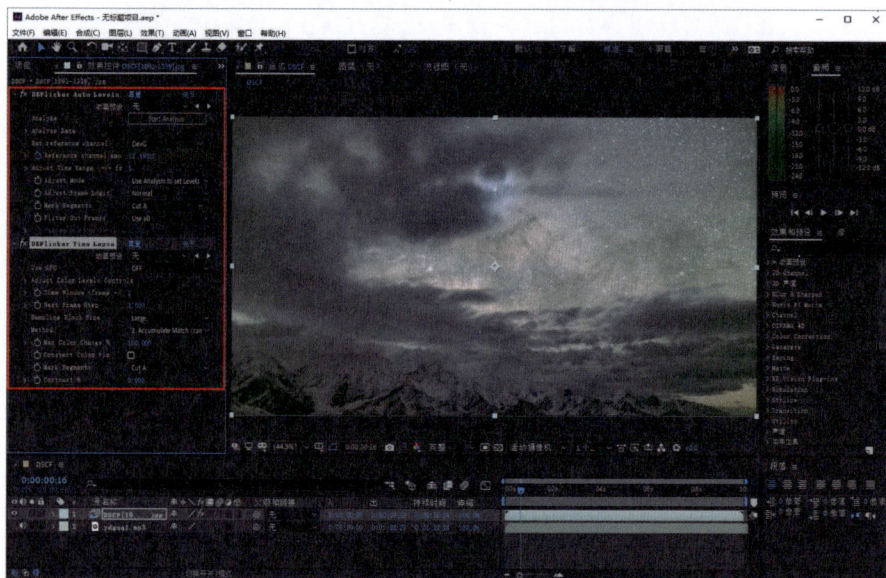

两次去闪后的视频画面

如果使用单反相机等设备拍摄延时视频，我们得到的原始素材是一系列的 RAW 格式照片，这时，我们就可以借助一些特定的软件对 RAW 格式照片进行去闪，最终将去闪后的图片序列加载为视频。

在 Lightroom 中对素材进行批量处理

借助 LRTimelapse 软件对素材进行去闪等处理

5.2.2　视频脱焦问题

　　影响视频表现力的另外一个因素是对焦位置的变化。如果我们拍摄的视频画面中对焦位置频繁发生变化，那么视频画面就会在虚实之间多次切换，给人非常不好的感觉。要解决这个问题，其实我们可以提前锁定对焦位置。固定对焦位置之后，后续的一系列拍摄就不会再出现这种虚实的切换了。比如我们在拍摄人物时，前景有遮挡物，如果我们不提前将对焦位置锁定在人物脸部，那么器材可能就会对焦在前景的遮挡物上。

对焦位置在前景，人物虚化

在手机屏幕点住人物面部锁定对焦

　　如果使用相机拍摄，我们可以提前设定自动对焦，然后设定人脸对焦模式，此时相机基本会确保一直对焦在人物面部上。当然，前提是相机的运动速度不宜过快，否则相机可能来不及反应，会出现频繁脱焦的问题。

相机镜头的对焦滑块（锁定时要拨到 MF 一侧）

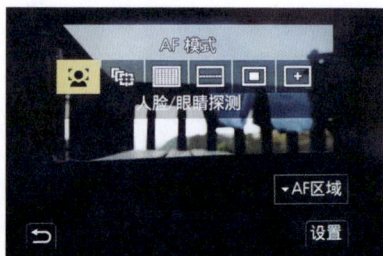

设定人脸检测（即人脸对焦模式）

此外还有一种情况，如果拍摄距离过近，那么无论手机、相机还是摄像机，都会超过最近对焦距离，也会脱焦，导致要表现的对象变得模糊。

比如拍摄眼球的转场时，镜头离人物的眼睛过近，就无法对人物近端的眼睛对焦，人物近端的眼睛会变得模糊。

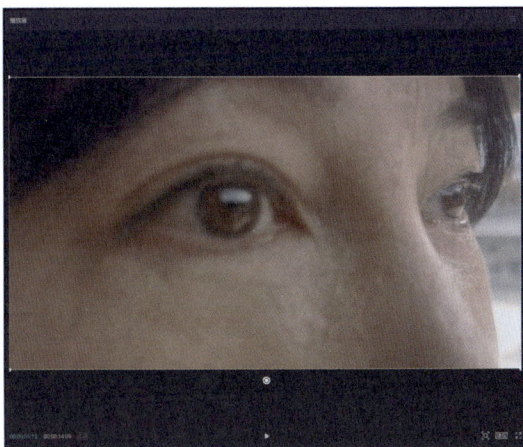

器材与被摄对象距离过近，无法对焦的画面

如果拍摄者的运动速度过快，也可能出现脱焦的问题，比如下面这个组合运镜当中，先要将镜头推向人物，离人物很近后快速转镜头，之后再拉镜头，使人物变得越来越远。中间转镜头的这个过程，速度是非常快的，可能就会导致脱焦的问题。

从下页两个画面当中可以看到，在转镜头的过程当中，就有脱焦的问题，人物面部不够清晰；而速度慢下来，器材反应过来后，就会再次完成对焦。所以说，在拍摄过程中，如果器材移动速度特别快，可能就会出现脱焦的问题。

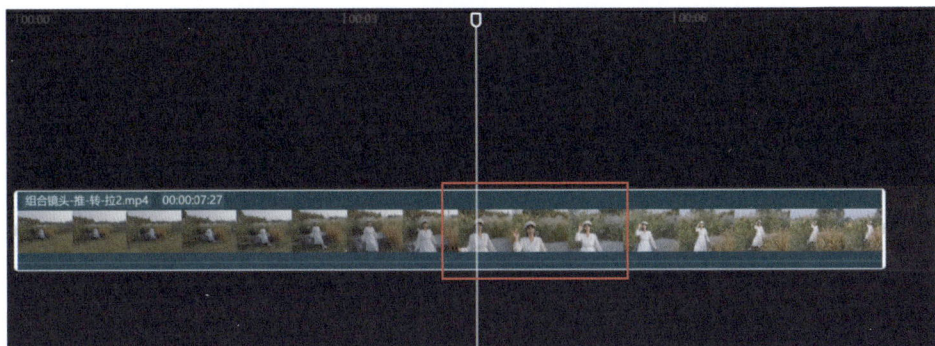

组合镜头中间转镜头的部分，时间非常短，即运镜速度很快

中间转镜头的部分，人脸稍显模糊

慢速的推镜头或拉镜头部分，人脸足够清晰

5.3　提升画面质感的关键——Log 与 LUT

在拍摄一些光线比较强烈的场景时，太阳周边或光源周边亮度非常高，但是阴影区域亮度又非常低，这属于反差比较大的情况。这时，拍摄器材有可能无法同时还原出亮部和暗部的所有细节，往往会出现高光过曝，或者暗部死黑的问题。针对这种情况，比较专业的数码单反相机、摄像机，甚至比较高端的手机都具备的 Log 模式可以解决。

所谓 Log 模式，就是在器材之内，降低亮部的曝光值，提高暗部的曝光值，尽最大可能保留所拍摄场景的更多信息，然后在后期进行调色时提亮亮部、压暗暗部，恢复画面的反差，并且保留高光和暗部的细节，这就是 Log 模式存在的意义。

在剪映软件中，我们也可以看到 Log 色轮这样的功能，主要就是用于对一些素材片段进行调色。

如果使用 Log 模式拍摄，我们可以看到拍出的视频画面是灰蒙蒙的，对比度非常低，但是亮部和暗部的细节都保留了下来。在调色软件当中对视频进行调色，就可以恢复所拍摄场景的明暗与色彩，让画面变得非常漂亮。

采用 Log 模式拍摄的细节丰富的画面，可以看到画面是灰蒙蒙的

剪映软件中的 Log 色轮功能

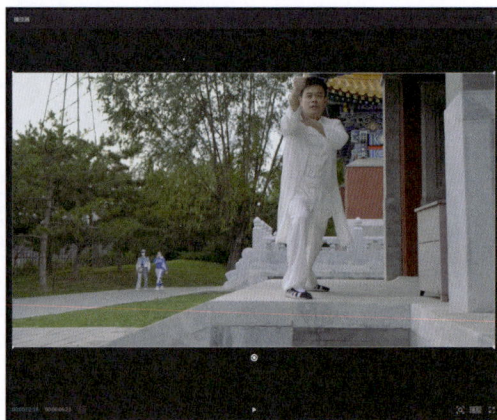

色彩还原后的视频画面

在视频调色领域，还有一个概念——LUT，是 Look Up Table（颜色查找表）的缩写。它的功能在于改变画面的曝光与色彩。

通过对 Log 视频进行调色，可以得到细节丰富、色彩鲜艳的视频画面，这实际上是一种校准色彩的功能。而 LUT 调色，则是一种风格化调色的过程，也就是说我们可以根据自己的理解或需求，将视频调整为某些特殊的色调。比如，我们可以将视频调整为青橙色调、复古色调等。

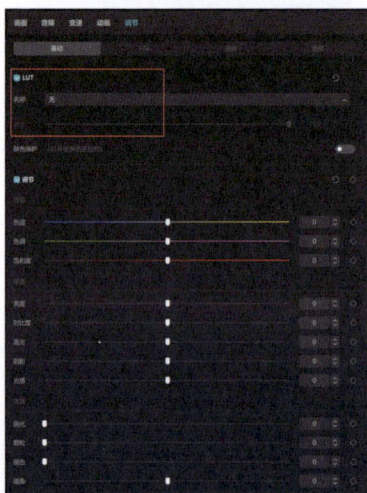

剪映软件中的 LUT 功能

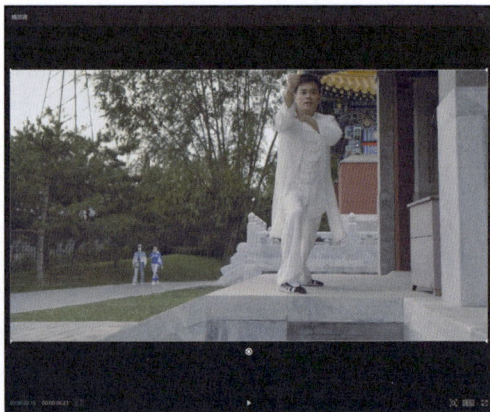

套用复古 LUT 后的视频画面

5.4　掌握好用的视频剪辑软件

对于一般爱好者来说，日常的剪辑可以通过手机版剪映软件来进行处理，还可以借助于性能更高、兼顾专业剪辑与人工智能算法的计算机版剪映软件来处理。而如果需要进行非常专业的视频处理，则可以考虑使用 Premiere（简称 Pr）和 Final Cut Pro X（简称 FCP）。

5.4.1　专业视频剪辑软件

Premiere

Pr 是视频编辑爱好者和专业人士必不可少的视频编辑软件，具有易学、高效、精确的特点，可提供视频采集、剪辑、调色、音频美化、字幕添加、输出、DVD 刻录等非常强大的功能，并和其他 Adobe 软件高效集成，使用户足以应对在视频后期制作工作中遇到的所有挑战，满足创建高质量作品的要求。

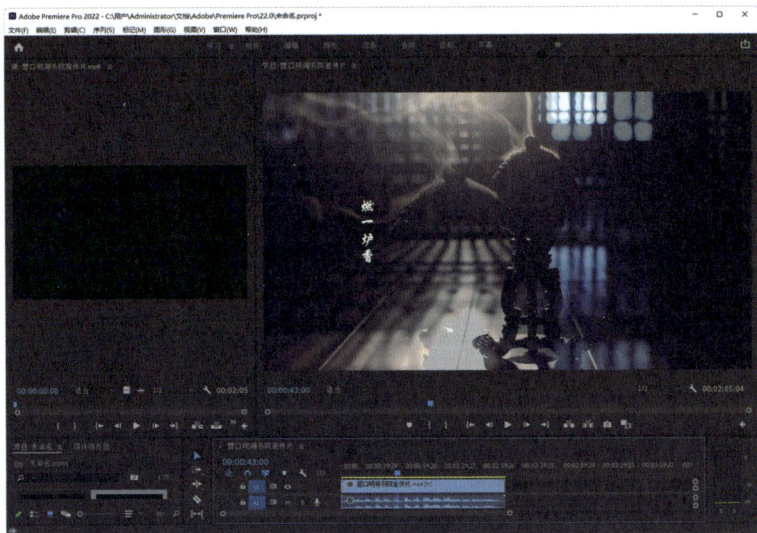

Pr 的剪辑界面

对于一般的短视频创作者来说，可能更多工作会在手机 APP 上完成，但实际上如果要进行更专业的调色和效果制作，运用 Pr 无疑会有更好的效果。

Pr 的调色界面

Final Cut Pro X

如果说 Pr 是 Windows 操作系统下能够兼顾视频创作专业人士与短视频创作业余爱好者的利器,那么 FCP 则是苹果操作系统下理想的视频剪辑软件。

FCP 是苹果公司开发的一款专业视频非线性编辑软件,包含进行后期制作所需的大量功能,既可导入并组织媒体(图片与视频等),又可以对媒体进行编辑、添加效果、改善音效、颜色分级优化等处理。

FCP 的剪辑界面

FCP 的调色界面

5.4.2　与众不同的剪映软件

对于一些要求不是很高的短视频创作场景来说，可以将拍摄好的素材直接在手机内借助免费软件进行非常好的剪辑和特效处理。

剪映软件是当前比较流行、功能也比较强大的短视频剪辑和特效制作工具，是抖音旗下的免费软件。除能够完成正常的音视频、字幕处理外，剪映软件还可以借助强大的人工智能算法，帮助短视频创作者进行短视频的快速成片，以及卡点、贴纸等制作，并可以快速、高效地输出高品质短视频。

如果不习惯在手机上剪辑视频，或是对视频细节要求比较高，而又不会使用Pr 及 FCP 等专业软件，那么计算机版剪映软件则是较好的选择。计算机版剪映软件与手机版剪映软件一脉相承，绝大多数功能基本相同，但计算机版剪映软件可使用户在更直观的界面中进行视频处理，并且计算机版剪映软件集成了大量的人工智能算法，可以快速帮用户获得更好的视频剪辑效果。

手机版剪映软件主界面　　手机版剪映软件剪辑界面　　手机版剪映软件一键成片界面

计算机版剪映软件界面

5.5 视频特效制作与调色软件

　　针对专业级视频剪辑，我们可以使用 Pr 与 FCP 等软件，而对于专业级视频特效制作，则可以使用 Adobe 公司的 After Effects（简称 AE）。AE 是一款可以进行分图层工作的影视后期软件，是影视后期合成处理的专业级非线性编辑软件。该软件在影像合成、动画制作、非线性编辑、设计动画等领域都有很强的性能，并且可以与其他主流 3D 软件（如 Maya、Cinema 4D、3ds Max 等）很好地衔接。

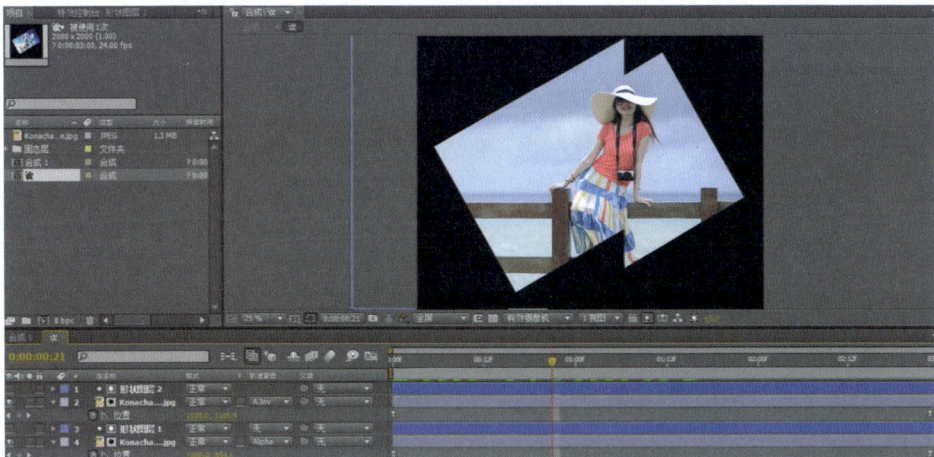

AE 工作界面

　　如果要进行非常专业的视频调色，则可以使用 DaVinci Resolve Studio（达芬奇）。它是一款集剪辑、调色功能于一身的软件。它的剪辑功能不如 Pr、FCP 等专业的剪辑软件强大，但在调色方面，达芬奇的功能则十分强大。在视频的拍摄创作中，我们不能完全控制光线、布光等因素，所以拍出来的画面难免会有光影不一、色调不同的现象。这些问题就可以在达芬奇中通过后期调色去解决。达芬奇是一款业内广泛应用的软件，运用此软件是视频创作者必备的技能。

　　最后，介绍一款普及度非常高，但在影视后期中又比较另类的软件——Photoshop（简称 PS）。众所周知 PS 是一款平面后期软件，但实际上这款软件也具有简单的视频剪辑、调色功能。借助 PS 自身强大的蒙版、调整图层功能，我们可以对视频进行一些简单的局部影调与调色处理。

达芬奇工作界面

在 PS 的时间轴中可以对视频进行剪辑，可以借助调整图层对视频进行调色

5.6　延时视频与慢动作

在一般视频当中穿插延时视频与视频慢动作，可提升视频的表现力，并渲染特定的情绪氛围。本节将讲解延时视频的拍摄方法与慢动作的拍摄方法。

5.6.1　延时视频

延时视频是一种将时间压缩的拍摄技术。用户拍摄的通常是一组照片或视频，后期通过将照片串联或视频抽帧，把长达几分钟、几小时甚至几天的过程压缩在一个较短的时间内以视频的方式播放。延时视频通常应用在拍摄城市风光、自然风景、天文现象、城市生活、建筑制造、生物演变等题材上。

譬如从日落前 2 小时到日落后 1 小时，一直拍摄 3 小时。每分钟拍摄一张照片，以顺序记录太阳运动的微变，共计拍摄 180 张照片，再将这些照片串联合成视频，按正常频率（每秒 24 帧）放映，在几秒钟之内，就可以展现日落的全过程。

拍摄延时视频的器材主要有单反相机、无反相机或无人机。拍摄方法也很简单，以单反相机为例，需要同等时间间隔拍摄一系列照片，不能用手按快门，避免造成画面抖动。如果相机不具备间隔拍摄功能，就需要外接一根快门线，同时还需要准备一个稳定的拍摄平台，比如三脚架。拍摄过程中的任何晃动都会造成后期视频画面的晃动。

在拍摄过程中需要注意以下事项。

1. 镜头前尽量不要出现行人或动物，否则会影响整体画面美感。

2. 在刮风等天气下需注意三脚架的稳定，如画面抖动或器材倾斜会导致前功尽弃。

3. 在高温或极寒条件下需注意器材的降温或保暖，避免器材在拍摄过程中自动关机。

4. 延时拍摄一般时间较久，应携带充足的外接电源以保证电量。

使用间隔拍摄功能连续拍摄多张日出的照片，再通过后期把这些照片串联起来，合成一段延时视频，即可呈现出让人惊叹的震撼效果，如下页图所示。

延时视频画面 1

延时视频画面 2

5.6.2　慢动作

　　慢动作是指画面的播放速度比常规播放速度更慢的视频画面。慢动作视频的每秒帧数比常规速度视频更高,即在每秒内播放的画面更多,呈现出来的细节更加丰富。

　　目前大多数手机都具有慢动作拍摄模式,可拍出具有慢动作效果的画面。慢动作视频画面的播放速度较慢,视频帧数可达到 120fps,画面看起来也更为流畅,这被称为升格。

　　慢动作视频主要应用在动作特写、运动、风吹、水流等题材上。拍摄慢动作视频时需保持设备的稳定，可借助三脚架、稳定器等设备。拍摄慢动作视频时，对环境光的需求较高，需要有足够的进光量来保证画面质量，在较为阴暗的环境拍摄慢动作视频，画面会模糊不清。

　　如下，使用慢动作拍摄技巧对人物进行慢动作拍摄，对人物的五官和动作进行特写，运用慢于物体变化的常规速度来展现眼睛缓缓张开的美感。

慢动作视频画面 1

慢动作视频画面 2

第 **6** 章

短视频创作的美学理论

　　随着短视频质量的逐步提升，拍摄过程中的美学理论应用也越来越被短视频博主所重视，现已成为短视频创作的新趋势。

　　电影的灵魂是剧本性。因为电影从传统舞台戏剧发展而来，所以故事片占电影的绝大多数。一类故事片是简单概括事实，另一类是编造事实。戏剧化的冲突越丰富，故事片的剧本编织越大，视觉上的刺激越强烈。而短视频虽然包括了视觉故事，但远不止故事。很多优秀的短视频作品在美学上的共同特征其实是非剧本性。剧情不是关键，运用景别、构图、光影、色彩等拍摄手法让事实、情绪等看不见的东西显现在镜头之下，才是短视频美学的关键。

　　因此，本章主要介绍了短视频景别、构图方法、对比手法、光线和色彩的运用等，以期对短视频创作提供一种新思路。

6.1 　认识五大景别

了解景别是拍摄短视频的基础，包括远景、全景、中景、近景和特写 5 种景别。掌握景别内容，可以更好地描述视频的画面内容和情感色彩。

6.1.1　远景

远景是指通过拍摄大景别来描绘当下的摄影环境。远景的主要特点是讲述故事或者作品正在发生的环境情况。远景的作用在于凸显气势、渲染气氛、抒发情感，主要用来表达某种意境，而不在于细节的刻画，所以在远景中，人物或建筑等元素只是点缀。

远景视频画面效果

6.1.2 全景

全景多用来描绘人物和物体的形态，在视频中用于表现人与人、人与物、人与环境之间的相互关系。在描写人物形态时，会将人物全身放入镜头范围内，包括人物的肢体动作、着装打扮、身处环境等，都通过全景来进行交代。在描写物体时，整个物体的形态，都要包含在其中。全景和远景常出现在电影或者电视剧等影视作品的片头或者结尾，主要起到交代环境的作用，又称交代镜头。

全景视频画面效果

中景视频画面效果

6.1.3 中景

中景一般是指镜头中某个场景的局部画面。中景和全景相比，包含的环境范围稍小，视距又比近景稍远。以人物为例，中景的取景在人物膝盖以上部分。中景的运用，不但可以加深画面的纵深感，表现出一定的环境、气氛，还能通过镜头的组接，把某段冲突的情节叙述得通顺，因此常用于叙述剧情。

6.1.4　近景

近景是表现人物胸部以上或者景物局部面貌的画面。近景常被用来细致地表现人物的面部神态和情绪，因此，近景是将人物或其他被摄主体推向观众眼前的一种景别。近景中人物的取景会在胸部上下的位置。近景的画面表达相较远景、全景、中景更加简洁，能让观众产生与景物的接近感，突出描写特点，给观众留下深刻印象。

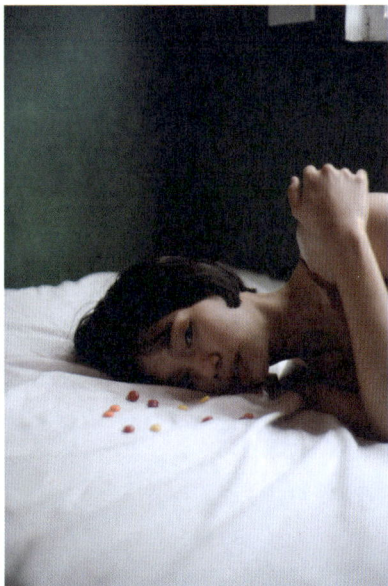

近景视频画面效果

6.1.5　特写

特写是拍摄人物的面部和其他被摄主体的局部的镜头，对五官、眼神、动作、细节等进行特别描写。在拍摄物体时，特写中几乎不考虑背景要素，画面聚焦在某个特定的位置，起到强调细节或局部的作用。特写镜头能表现人物细微的情绪变化，揭示人物心灵瞬间的动向，使观众在视觉和心理上受到强烈的感染。

特写视频画面效果

6.2 8 种短视频构图法

在创作短视频作品时，构图是拍摄过程中的重要元素。用不同构图方法拍摄的视频画面，可以传达给观众不同的视觉感受和心理感受。本节将介绍 8 种常用的短视频构图方法。

6.2.1 黄金分割法

古希腊数学家在进行线段分割时，发现了一个具有美学价值的比例，而这个比例一直被认为是最佳比例，被建筑师、画家、摄影师在艺术作品中广泛应用，这就是黄金分割。

黄金分割法是指把一条线段分割为两部分，使其中一部分与全长之比等于另一部分与这部分之比，因这一比例前三位小数的近似值是 0.618，所以也称为 0.618 法。

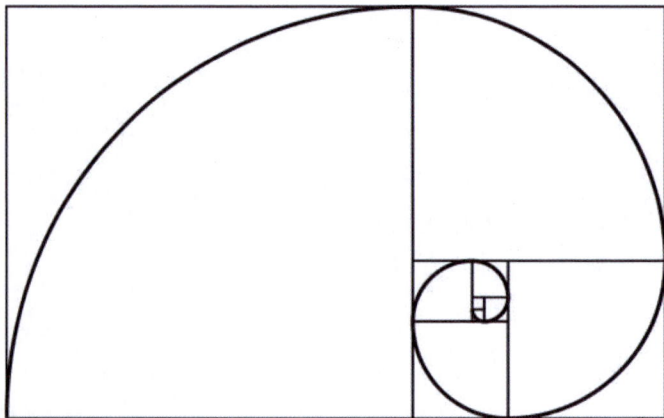

黄金分割法

黄金分割法 - 横构图

黄金分割法 - 竖构图

6.2.2　三分构图法

　　三分构图法是指把画面三等分，每一等份中都可放置被摄主体。三分构图法适用于表现具有空间力的画面，使画面场景鲜明、构图简练。

　　三分构图法与黄金分割法有相似之处，即对横构图和竖构图画面都适用，但三分构图法的重点是将被摄主体放在三等份的其中一等份之内，以突出画面的空间感。

三分构图

6.2.3　水平线构图法

　　水平线构图法是一种基础的构图法，方法是以水平线条为基准进行构图，保障画面的水平。舒展的线条能够表现出宽阔、稳定、和谐的感觉，通常运用在拍摄水面、草原等。

水平线构图

6.2.4　垂直线构图法

　　垂直线构图法和水平线构图法的原理类似，是在画面中以垂直线条为主的构图方法。通常运用垂直线构图法的时候，被摄物体自身符合垂直线特征，例如树木、灯塔、高楼等。垂直线构图法可充分展示物体的高大和深度。

垂直线构图

6.2.5　对称式构图法

　　对称式构图法是将画面横向或纵向一分为二，使两边呈现出对称的状态。对称式构图具有平衡、稳定、庄重的特点，经常用于表现对称的建筑、水面倒影等；缺点则是呆板、缺少变化。

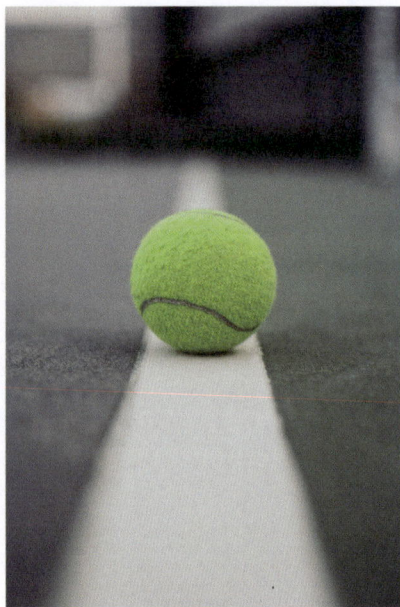

左右对称构图

6.2.6　框架式构图法

　　框架式构图法的原理是借助现有场景中存在的前景框架，将被摄主体放入框内进行拍摄。框架式构图有助于将被摄主体与背景融为一体，框架将被摄主体包围起来可以营造出一种神秘的气氛，赋予画面更大的视觉冲击。

框架式构图

6.2.7 中心构图法

中心构图法是将被摄主体放在取景的正中央进行拍摄的一种方法。这种方法比较简单，优点在于将被摄主体突出、明确，画面容易具有平衡的效果。

中心构图

6.2.8 对角线构图法

对角线构图法是指被摄主体沿画面对角线方向排列，旨在表现出动感、不稳定性或生命力等感觉。不同于常规的横平竖直，对角线构图对欣赏者来说，画面更加舒展、饱满，视觉体验更加丰富。

对角线构图

6.3　5 种拍摄对比手法

　　本节讲解短视频拍摄中常用的 5 种对比手法。利用有效的对比手法，可以更加突出画面的主体，给观众形成很强的冲击力，使作品表现力更鲜明，观众的感受更强烈。

6.3.1　虚实对比

　　虚实对比就是突出虚和实的对比效果，是一种常用的对比手法。虚实对比即通过对焦实现背景模糊或前景模糊，来突出被摄主体的状态和细节；通过制造景深的效果，使画面更具立体感。部分短视频作品中的某些镜头会刻意虚化被摄主体，实化背景，表达一种朦胧、神秘的意境。

虚实对比（前虚后实）

虚实对比（前实后虚）

6.3.2　冷暖对比

　　冷暖对比是对色彩上的冷色调和暖色调进行对比，从而使画面形成强烈的对比，更具视觉冲击力。在进行冷暖对比前，先了解并区分冷色调和暖色调。按颜色划分，蓝色、绿色、深紫色等颜色属于冷色调，黄色、橙色、红色等颜色属于暖色调。

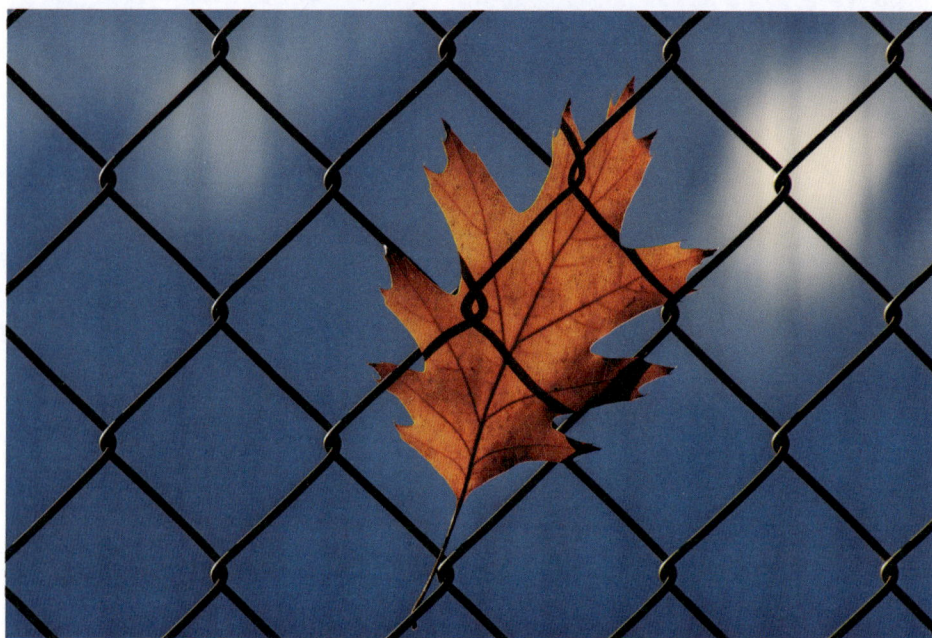

冷暖对比

6.3.3　大小对比

大小对比就是被摄主体大和小的对比。进行大小对比前，需要明确画面中物体的对比关系，找到与被摄主体进行对比的参照物，并确认参照物的体积、面积符合大小对比的要求。在突出被摄主体时一般选用比被摄主体更小的物体进行参照，通过大小的对比突出被摄主体的特征。

大小对比

6.3.4　明暗对比

明暗对比的作用是使画面更具冲击力。相同的物体在不同的光影下会表现出不同的状态和含义，给人们不同的感受。明暗对比的核心是要掌握光照的规律来进行拍摄。正午光线强烈的时候，明暗对比较强，且曝光过度，很难拍出优质的画面。阴雨天气没有较强的光线，在室外也无法拍出明暗对比明显的画面。在室内可搭建光源进行明暗对比的拍摄，不受时间和天气的影响，但是对器材要求比较高，需要配置柔光箱等道具。

明暗对比

6.3.5 动静对比

动静对比是将运动物体和静止物体的运动关系进行对比而产生的。动静对比主要表现镜头的生动性和冲击力，使视频画面更具活力和生命力。动静对比可应用于拍摄艺术演出、车站码头、地铁公交等场景。

动静对比

6.4 用光基础

本节将结合光的多种形式来阐述光对影调的作用和影响，以及如何使用光线达到对应效果。

6.4.1　理解影调

影调是指画面的明暗层次。这种明暗层次的变化，是由景物之间的受光不同以及景物自身的明暗与色彩变化所形成的。如果说构图是画面成败的决定性因素，那影调则是决定画面是否具有美感的重要因素。

我们根据影调亮暗和反差的不同，可以将画面分为亮调、暗调和中间调。根据光线强度及反差的不同，可以将画面分为硬调、软调和中间调。

画面需要有丰富的明暗层次才会好看。层次不够，画面会给人单调乏味的感觉

有明显光线的场景，更有利于营造丰富的影调，增加画面表现力

6.4.2 直射光

直射光是一种直接照射的光线，也称为硬光。当光线照射到被摄主体上时，被摄主体产生受光面和阴影两部分，且这两部分的明暗反差明显。直射光有利于表现景物的立体感，勾画景物轮廓等，并且能够使视频画面产生明显的影调层次。

直射光示意

在直射光的照射下，被摄主体出现了阴影，画面的明暗层次丰富，可以凸显立体感

接近于顺光拍摄时，可能画面中会缺乏明暗对比。但对于本画面来说，由于机位较高，近处的山体在顺光下投影到了远处的山体上，产生了明显的阴影，由此丰富了画面的影调

107

6.4.3 散射光

散射光是指不直接照射到拍摄对象上，而是透过中间介质或经漫反射照射到拍摄对象上的光线，是一种软光。散射光类似于反光板反射的柔和光线，在散射光环境下，景物的受光面和背光面可以柔和地衔接，没有明显的光影对比。散射光较柔和，可减弱被摄对象粗糙不平的质感，使其柔化。在自然光条件下，单一的直射光场景较少见，大都是直射光和散射光混合的光照环境。

这个画面虽然是散射光环境，但可以明显感受到光的方向性。在保留足够丰富细节的前提下，可以通过适当强化对比度，让画面的影调层次变得更丰富

需要注意的是，散射光并不是完全没有方向性。有时我们能够看到光源的位置，景物上也可看到受光面和阴影。

这个画面当中，影调与色彩的变化主要来源于景物自身，与光线的照射没有太大关系，但由于山体本身比较暗，与云雾以及天空搭配，产生了丰富的影调变化

6.4.4　顺光画面

顺光拍摄画面时，容易缺乏影调层次。在拍摄视频时应避开顺光的角度，避免拍摄出缺乏影调层次与色彩感的画面。

顺光示意图

6.4.5　侧光、斜射光画面

侧光与斜射光是较为理想的拍摄光线。拍摄时画面不易产生明显的高光过曝或是暗部过暗的问题，在侧光与斜射光环境下拍摄的画面影调层次较为丰富，视频画面整体会显得好看。

侧光示意图

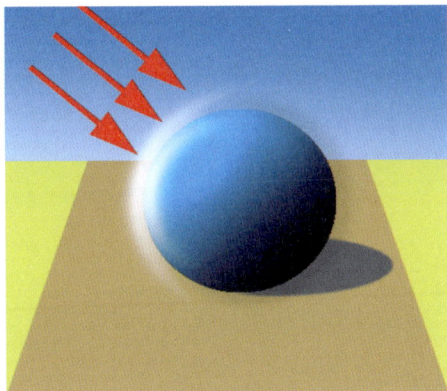

斜射光示意图

6.4.6　逆光画面

逆光拍摄时需要注意，如果镜头当中出现太阳，那么太阳周边容易出现高光溢出、不易控制曝光产生过曝的情况。但如果控制比较得当，画面的感染力会比较强。

逆光示意图

在实际拍摄环境中，侧光拍摄、斜射光拍摄与逆光拍摄都是使用频率较高的方式。

6.5 光线的运用

本节讲解光线的含义及使用技巧。光线大致可分为顺光、逆光、侧光、侧逆光、顶光、底光。每种光线都具有特有的运用方法，合理运用才会使短视频画面质量更高。

6.5.1 顺光

顺光是摄影师背向光线，被摄主体面向光线的情况。顺光拍摄最大的特点是被摄主体受光均匀，色彩还原真实、饱和，因此可以清晰准确地描绘出其颜色和形状。

顺光

6.5.2　逆光

逆光就是摄影师面向光线，被摄主体背向光线的情况。逆光拍摄难度较大，对摄影师的能力要求较高。逆光拍摄一般用于制造朦胧氛围、突出被摄主体轮廓等场景。

逆光

6.5.3 侧光

　　侧光是指从被摄主体的侧面照射的光线。侧光在被摄主体上形成明显的受光面、阴影和投影。画面明暗反差鲜明，层次丰富，多用于表现被摄主体的空间感和立体感。

侧光

侧逆光

6.5.4 侧逆光

　　来自被摄主体的斜后方，与镜头拍摄方向构成钝角的照明光线叫作侧逆光。侧逆光多用于人物面部的拍摄，可使画面具有很强的空间感，以及生动活泼感。

6.5.5　顶光

顶光是指从被摄体顶部照射过来的光线，其光线方向与拍摄对象和相机的连线几乎垂直。在室外拍摄中，人物或物体在顶光环境下得到的效果都不太理想，所以应避免在室外顶光情况下拍摄。顶光拍摄可在室内人造光源的情况下进行，它可以更好地突出被摄主体的轮廓和形态，并使被摄主体和周边环境形成区分和反差，营造一种对比的氛围。

顶光

6.5.6　底光

底光在自然环境中很难遇到，基本都是借助人造光源实现的。拍摄夜景建筑或城市广场时会经常遇到底光。

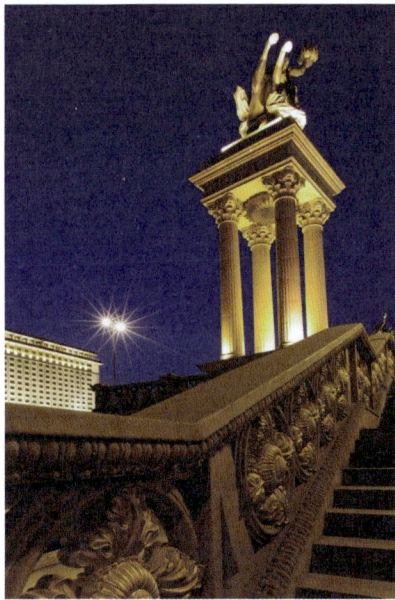

底光

6.5.7　巧用对比结合

前面提到过，散射光环境下拍摄的画面往往会缺乏光影对比，这样会使画面显得层次单调乏味。在这种条件下进行拍摄时，可以寻找某些自身色彩对比强烈的被摄主体进行表现，通过被摄主体自身的色彩以及明暗对比确保最终拍摄的画面有较好的表现力。

113

这个画面中，溪流的白色与周边岩石的深色形成了明暗对比，而红叶与黄叶也会有一种色彩的反差，所以即便在散射光环境下拍摄，也可以看到画面的影调层次与色彩都是比较理想的

6.5.8　运用剪影效果

剪影摄影就是突出被摄主体，表现主体姿态和轮廓。剪影摄影的被摄主体可以是人、物或某个场景，被摄主体本身往往只具有黑色的轮廓，不包含纹理、色彩等细节。摄影师运用逆光拍摄技巧，使用明亮背景衬托较暗的被摄主体来拍摄剪影。

使用剪影手法时，被摄主体需要与背景进行配合。实际拍摄剪影效果的具体操作如下。

1. 选定合适的光影，一般是逆光拍摄，多为具有明显光线的天空，并对天空中的高光区域测光，这样在曝光时拍摄设备会压低逆光被摄主体正面的亮度，使其损失表面细节。拍摄时间也需要提前规划，避免错过合适光线。

2. 选定合适的拍摄背景，要寻找干净的背景，以干净的天空做背景较理想。避免背景中的景物线条过多过杂，否则背景中的部分景物也会形成剪影，与被摄主体重叠，破坏整个画面的美感。

3. 选定合适的取景角度和距离，被摄主体到拍摄设备及背景的距离都需要经过设计，可以自行选用适合整体画面意境的构图方法进行拍摄。

这个画面，通过剪影效果突出了人物的轮廓

这个画面利用半剪影效果呈现优美的湖面风光，可以看到这种半剪影效果让画面中一些杂乱的细节完全被隐去，使画面变得比较干净

6.6 色彩的魅力

本节讲解不同色彩的特性和属性，以及色彩的知识与应用方法。掌握色彩的应用方法可使短视频画面更具表现力。

6.6.1 色彩语言

红色是三原色之一，属于暖色调，代表着喜气、热烈、奔放。许多元素里都会用到红色，比如春联、灯笼等。一般来说，在晴天的一天中早晚两个时段拍摄的画面的整体颜色会偏红色、橙色等，拍出来的画面会显得热烈、奔放、生动，具有吸引力。

红色

　　橙色是介于红色和黄色之间的间色，又称橘黄色或橘色，属于暖色调。橙色是欢快、活泼、热情的光辉色彩，是较温暖的颜色。橙色经常会让人联想到金色的秋天，是一种代表收获、富足、快乐和幸福的颜色。

　　橙色的视觉穿透力仅次于红色，属于醒目的颜色，橙色代表的典型意义有明亮、华丽、健康、活力、欢乐。一般来说，晴天早晚环境的整体颜色是橙色、红色与黄色的混合，通常能够传递出温暖、有活力的感觉。具有代表性的橙色物品有橙子、橙汁及南瓜等。

橙色

黄色是色彩中较为中性的颜色，属于暖色调。黄色的色彩明度非常高，给人轻快、辉煌、收获的感觉。也因为黄色亮度较高，所以经常会使人感觉到不稳定。在摄影中，迎春花、油菜花等都是非常典型的黄色景物，这些花卉给人一种轻松、明快、高贵的感觉。秋天的黄色则是收获的象征，果实的黄色、麦田与稻田的黄色，都会给人一种富足与幸福的感觉。

黄色

绿色是三原色之一，是自然界中较为常见的颜色，也是一种很特别的颜色，它既不是暖色，也不是冷色，属于居中的颜色。绿色通常象征着生机、朝气、生命力、希望、和平等。饱和度较高的绿色是一种非常美丽、优雅的颜色，代表着生机勃勃，象征着生命。摄影时一般拍摄绿植等绿色的物品。

绿色

　　青色是一种过渡色，介于绿色和蓝色之间，属于冷色调。这种色彩的亮度很高，拍摄蓝色天空时，稍稍过曝就会呈现出青色，其他场景中的青色并不多见。一些雪山融水河的颜色是比较明显的青色。青色在我国古代社会中具有极其重要的意义，青色象征着坚强、希望、古朴和庄重，传统的器物和服饰常采用青色。

青色

　　蓝色是三原色之一，是一种象征大气、平静、稳重、理智、博大的色彩，属于冷色调。蓝色的种类有许多，比如看到天空、海水、湖泊等，都会联想到不同程度的蓝色。蓝色是色彩中最冷的色调。在商业设计中，蓝色常用于强调科技感和智能化，许多企业都选用蓝色作为标志色彩。许多国家的警察制服是蓝色的，警车和救护车的车灯一般都有蓝色，蓝色有着勇气、冷静、理智、永不言弃的含义。

蓝色

紫色是人眼从可见光谱中能看到的频率最高的部分，属于冷色调，通常是高贵、美丽、浪漫、神秘、孤独、忧郁的象征。在自然界中，紫色多见于一些特定花卉、一天中早晚的天空等，表现得既美丽又神秘，给欣赏者非常深刻的印象。暗的纯紫色只要加入少量的白色，就会成为一种十分优美、柔和的色彩；在紫色中加入白色，可产生许多层次的淡紫色，而每一层次的淡紫色，都显得非常柔美、动人。

紫色

　　白色是一种非常典型的色光混合色，其明度最高、无色相。色光三原色的叠加效果是白色，自然界的 7 种光谱经过混合叠加也会变为无色或白色。白色多表达纯洁，也能表述不同的情感，如平等、平和、纯净、明亮、朴素、平淡、寒冷、冷酷等。

　　在摄影学中，白色多与其他色调搭配使用，例如黑白搭配能够给人以非常强烈的视觉冲击。拍摄白色的对象时，要特别注意对整体画面的曝光控制，因为白色区域很容易曝光过度而损失物体表面的纹理。

白色

6.6.2　冷暖对比画面

　　色彩之间具有冷暖对比的特点，色彩的冷暖按以下方法区分。从右侧的色轮图中我们可以看到，冷暖色的划分是很明显的，色轮的上半部分为暖色调，下半部分为冷色调。

　　色彩讲究冷暖搭配，大面积的冷色调搭配小面积的色彩浓郁的暖色调，能突出被摄主体的暖度。大面积的暖色调搭配小面积的蓝色或紫色，会突出冷色调的特点。

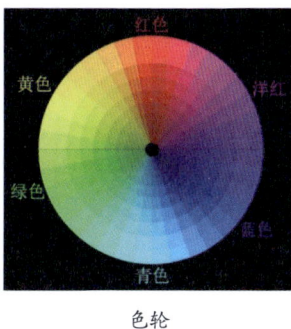

色轮

日出和雪山同框，地面大片的景物颜色属于冷色调，与天空的暖色调形成了冷暖对比，意境优美

6.6.3　相邻配色的画面

　　人类为了便于认识和掌握色彩，将可见光的光谱用一个圆环来表示，这便是我们通常意义上所说的色轮。

在色轮中，两两相邻的颜色称为相邻色。相邻色的特点是颜色相差不大，区分不明显，摄影时取相邻色搭配，会给欣赏者以和谐、平稳的感觉。

一般情况下，纯色场景很少见，所以摄影中的取景，要考虑色彩搭配的问题。

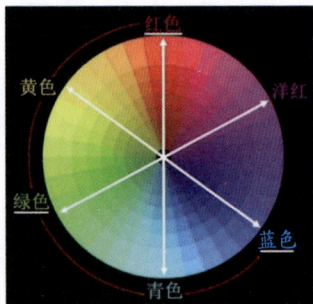

相邻配色示意图

这一画面中，黄色、橙色与红色的晚霞交织在一起，整体看起来非常协调。相邻色的搭配有非常多的形式，常见的相邻色搭配还有黄色与绿色、青色与蓝色、蓝色与紫色等

6.6.4　对比配色的画面

在色轮中，任意一条直径两端的颜色互为互补色。例如，从色轮中可以看到黄色与蓝色为互补色、红色与青色为互补色、绿色与洋红色为互补色等。互补配色的画面，会给人以强烈的对比效果，以及很强的视觉冲击力。如下图，蓝色与黄色为互补色，这种配色的画面会有很强的视觉效果。

地面的黄色与天空的蓝色是互补色，这两种色彩会产生强烈的对比，再加上人物手中的粉色和黄色的鸡尾酒杯装饰，会使得画面的视觉效果有跳跃性，冲击力较强

6.6.5　黑白画面

　　在一些场景中，画面的色彩比较多且杂乱，景物自身的内容、故事情节、画面结构、线条、图案等表现力较强，会给人造成不好的观感。如果色彩对于画面主题的表现没有太大的作用，则可将画面转为黑白，有效地避免色彩干扰，利于强化画面主题。

　　另一种情况是画面的色彩感特别弱，不能很好地突出画面主题，此时可将画面转为黑白。

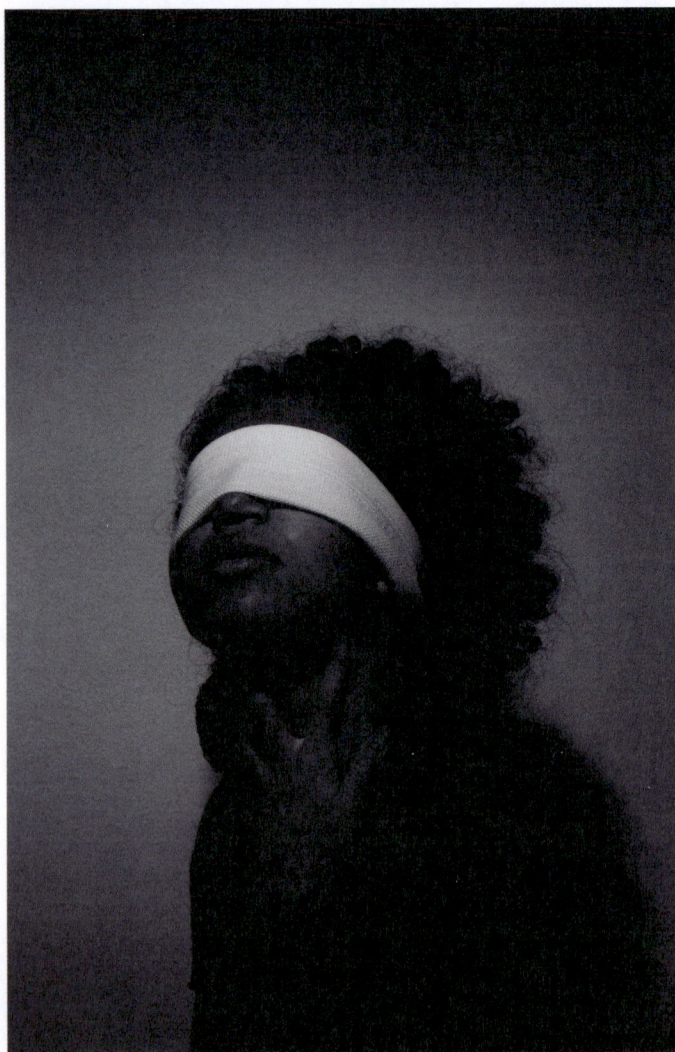

黑白画面中，强烈的光影对比画面整体要突出的主体更加明显。拍摄这种画面的目的就是表现光影效果

第 **7** 章

一般镜头、运动镜头与镜头组接

镜头是视频创作非常重要的一个环节，视频的主题、情感、画面形式等都需要有好的镜头作为基础。而对于拍摄者来说，如何表现一般镜头、运动镜头和进行镜头组接等又是十分重要的知识与技巧。

7.1 短视频镜头的拍摄技巧

7.1.1 长镜头与短镜头

视频剪辑领域的长镜头与短镜头并不是指镜头焦距长短，也不是指摄影器材与被摄主体的距离远近，而是指单一镜头的持续时间。一般来说，单一镜头持续时间超过 10 秒，可以被认为是长镜头，不足 10 秒则可以被称为短镜头。

7.1.2 长镜头

长镜头更具真实性，在时间、空间、过程、气氛等方面都具有连续性，排除了作假、使用替身的可能性。

在短视频中，长镜头更能体现创作者的水准。长镜头在一些大型庆典、舞台节目、自然风貌场景中运用较多。我们也可以这样认为，越是重要的场面，越要使用长镜头进行表现。

固定长镜头

拍摄机位固定不动，连续拍摄一个场面的长镜头，称为固定长镜头。例如，下面这个固定长镜头，将镜头对准树林，拍摄在树林中移动的牛群。

固定长镜头：
画面 1

126

固定长镜头：画面 2

景深长镜头

用拍摄大景深的参数拍摄，使所拍场景的景物（从前景到后景）非常清晰，并进行持续拍摄的长镜头称为景深长镜头。

例如，我们拍摄人物从远走近或由近走远，用景深长镜头，可以让远景、全景、中景、近景、特写等都非常清晰。一个景深长镜头的内容实际上相当于一组远景、全景、中景、近景、特写镜头组合起来所表现的内容。

景深长镜头：画面 1

景深长镜头：画面 2

运动长镜头

用推、拉、摇、移、跟等运动镜头的拍摄方式呈现的长镜头，称为运动长镜头。一个运动长镜头可以将不同景别、不同角度的画面收在一个镜头中。

运动长镜头：画面 1

运动长镜头：画面 2

7.1.3 短镜头

短镜头的主要作用是突出画面一瞬间的特性，具有很强的表现性。短镜头多用于场景快速切换和一些特定的转场剪辑中，通过快速的场景切换达到视频要表现的目的。例如下面这段视频中，记录老人写书法的内容，使用了多个短镜头进行衔接，使得画面内容连贯流畅，表达的意义明确。

短镜头 1

短镜头 2

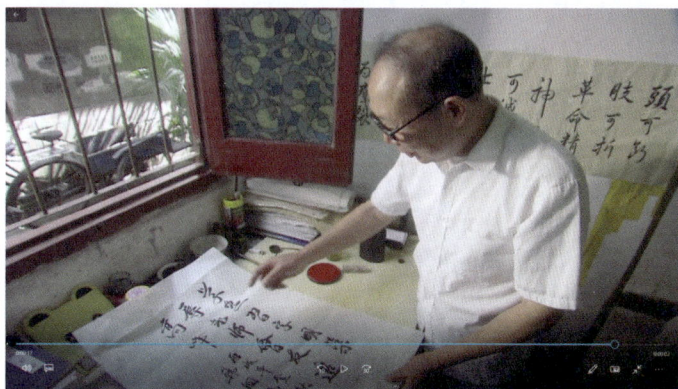

短镜头 3

7.1.4 空镜头（景物镜头）

空镜头又称景物镜头，是指不出现人物（主要指与剧情有关的人物）的镜头。空镜头有写景与写物之分：前者又称风景镜头，往往用全景或远景表现；后者又称细节描写，一般采用近景或特写。

空镜头常用以介绍环境背景、交代时间信息、酝酿情绪氛围、过渡转场。

我们拍摄一般的短视频时，空镜头大多用来衔接人物镜头，实现特定的转场效果或交代环境等信息。

空镜头 1

空镜头 2

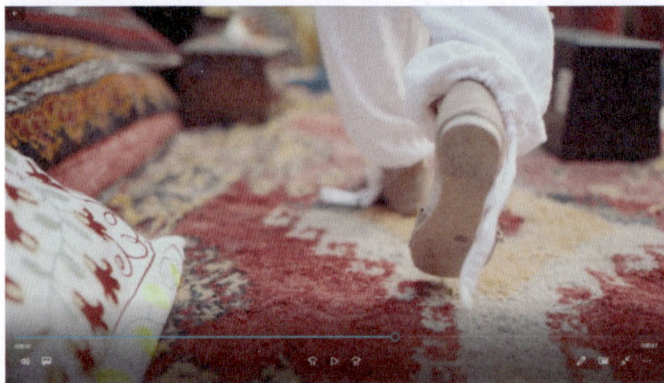

空镜头 3

130

7.1.5　固定镜头

固定镜头就是拍摄一个镜头的过程中，摄影机机位、镜头光轴和焦距都固定不变，画面所选定的框架也保持不变，而被摄对象可以是静态的也可以是动态的。被摄对象可以任意移动、入画出画，同一画面的光影也可以发生变化。

固定镜头画面稳定，符合人们日常的观感体验，可用于交代事件发生的地点和环境，也可以用于突出需表现的主体。例如下面这匹马，通过固定镜头的拍摄可以更好地突出它的形态和特征。

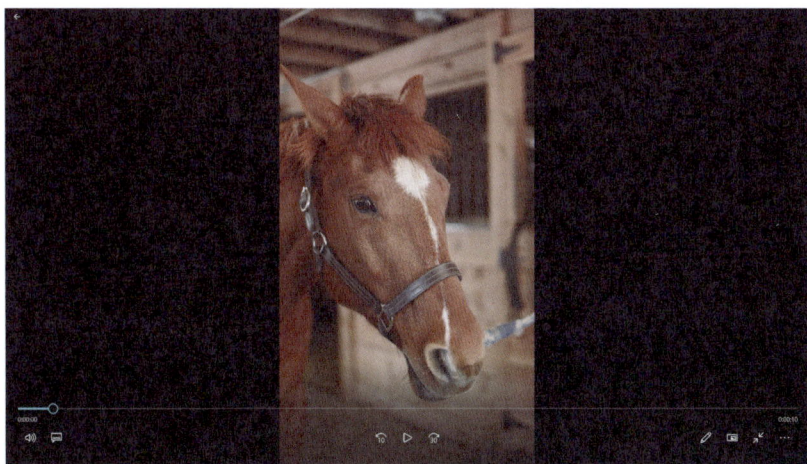

固定镜头 1

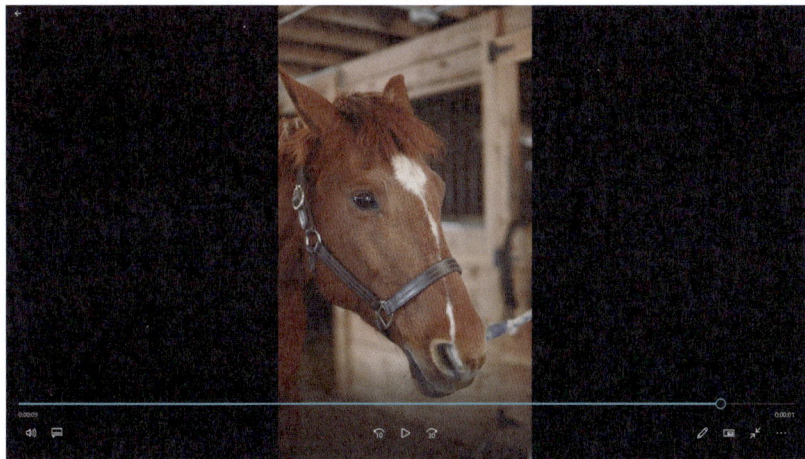

固定镜头 2

131

运动镜头

运动镜头，实际上是指运动摄像，就是通过推、拉、摇、移、跟等手段所拍摄的镜头。运动镜头可通过改变手机（摄像机）的机位来拍摄，也可通过变化镜头的焦距来拍摄。运动镜头与固定镜头相比，具有视点不断变化的特点。

通过运动镜头，画面能产生多变的景别、角度，形成多变的画面结构和视觉效果，更具艺术性。运动镜头会产生丰富多彩的画面效果，可使观众产生身临其境的视觉和心理感受。

一般来说，长视频中运动镜头不宜过多，但短视频中运动镜头适当多一些画面效果会更好。

7.2.1　起幅：运镜的起始

起幅是指运动镜头开始的场面，要求构图好一些，并且有适当的长度。

一般情况下，有表演的场面应使观众能看清人物动作，无表演的场面应使观众能看清景色。起幅的具体长度可根据情节内容或创作意图而定。起幅之后，才是运动镜头的开始。

起幅画面 1

起幅画面 2

7.2.2　落幅：运镜的结束

落幅是指运动镜头终结的画面，与起幅相对应。落幅要求由运动镜头转为固定镜头时能平稳、自然，尤其重要的是准确，即能恰到好处地按照事先设计好的景物范围或主要被摄对象位置停稳画面。

有表演的场面，不能过早或过晚地停稳画面，当画面停稳之后要有适当的长度使表演告一段落。如果是运动镜头接固定镜头的组接方式，那么落幅的画面构图同样要求精确。

如果是运动镜头之间相组接，画面也可不停稳，而是直接切换镜头。

落幅画面 1

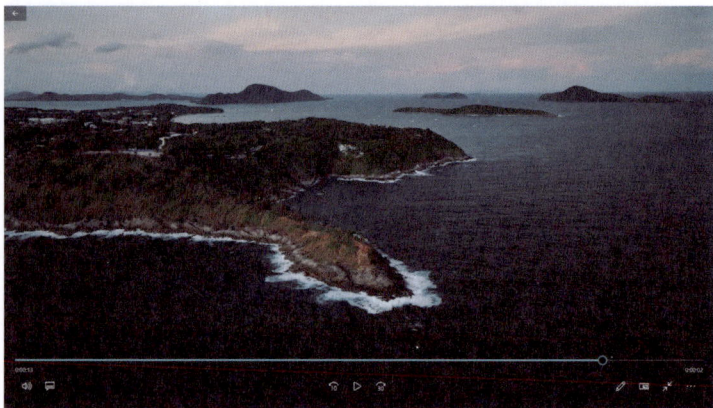

落幅画面 2

7.2.3　推镜头：营造不同的画面氛围与节奏

推镜头是将摄像设备向被摄主体方向推进，或变动镜头焦距使画面框架由远而近向被摄主体不断推进的拍摄方法。推镜头有以下画面特征。

随着镜头的不断推进，由较大景别不断向较小景别变化，最后固定在被摄主体上，这种变化是一个连续的递进过程。

推进的速度，要与画面的气氛、节奏相协调。推进速度慢，给人以抒情、安静、平和等感受，推进速度快则可用于表现紧张不安、愤慨、触目惊心等。

如下所示，镜头的中心位置是一座城堡，将镜头不断向前推进，使城堡在画面中的占比逐渐变大，使景别产生由大到小的变化。

推镜头画面 1

推镜头画面 2

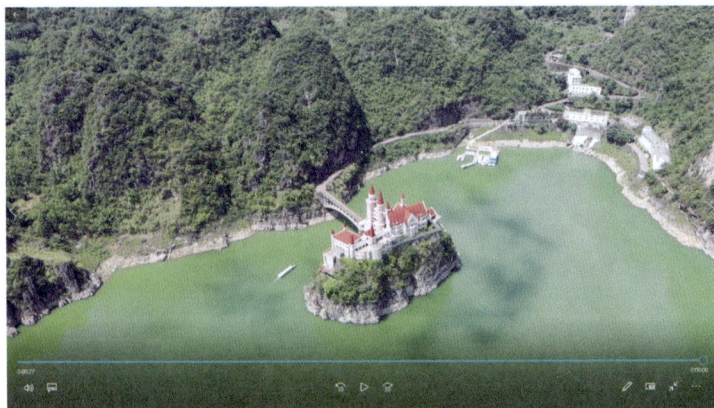

推镜头画面 3

7.2.4　拉镜头：让观众恍然大悟

拉镜头正好与推镜头相反，是摄像设备逐渐远离被摄主体的拍摄方法，当然也可通过变动焦距，使画面由近而远变化。

拉镜头可真实地向观众交代被摄主体所处的环境及其与环境的关系。在镜头拉开前，环境是个未知因素，镜头拉开后可能会给观众以"原来如此"的感觉。

拉镜头常用于故事的结尾，随着被摄主体渐渐远去、缩小，其周围空间不断扩大，画面逐渐扩展为或广阔的原野，或浩瀚的大海，或莽莽的森林，给人以"结束"的感受，赋予视频抒情性的结尾。

运用拉镜头，特别要注意提前观察大的环境，并预判视角，避免最终视觉效果不够理想。

135

拉镜头画面 1

拉镜头画面 2

拉镜头画面 3

7.2.5　摇镜头：替代拍摄者视线

　　摇镜头是指机位固定不动，通过改变镜头朝向来呈现场景中的不同对象，就如同某个人进屋后眼睛扫过屋内的其他人员。实际上，摇镜头所起到的作用，就是在一定程度上代表拍摄者的视线。

摇镜头多用于在狭窄或超开阔的场景内快速呈现周边环境。比如人物进入房间内，通过摇镜头快速表现屋内的布局或人物；又如拍摄群山、草原、沙漠、海洋等宽广的景物时，通过摇镜头快速呈现所有景物。

摇镜头的使用，一定要注意拍摄过程的稳定性，否则画面的晃动感会破坏原有的效果。

摇镜头画面 1（由下至上）

摇镜头画面 2（由下至上）

7.2.6　移镜头：符合人眼视觉习惯的镜头

移镜头是指拍摄者沿着一定的路线运动来完成拍摄。比如，汽车行驶过程中，车内的拍摄者手持手机向外拍摄，随着汽车的移动，画面也是不断改变的，这就是移镜头。

移镜头是一种符合人眼视觉习惯的拍摄方法，可以使所有的拍摄对象都能平等地在画面中得到展示，还可以使静止的拍摄对象"运动"起来。

137

由于需要在运动中拍摄，所以机位的稳定性是非常重要的。在影视作品的拍摄中，一般要使用滑轨来辅助完成移镜头的拍摄。

使用移镜头时，建议适当多取一些前景，这些靠近机位的前景会显得镜头运动速度更快，这样可以强调镜头的动感。还可以让拍摄对象与机位进行反向移动，从而强调速度感。

案例 1

移镜头画面 1

移镜头画面 2

移镜头画面 3

案例 2

移镜头画面 1

移镜头画面 2

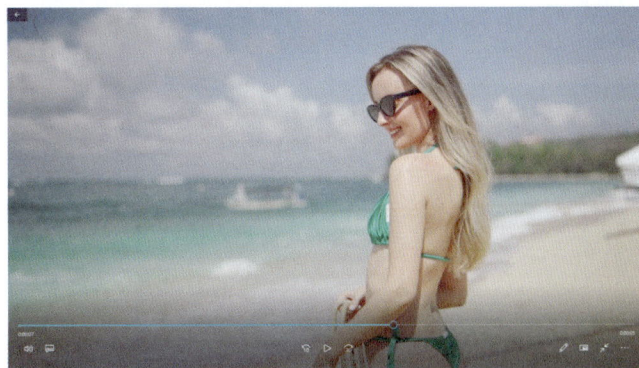

移镜头画面 3

7.2.7　跟镜头：增强现场感

　　跟镜头是指机位跟随被摄主体运动，且与被摄主体保持等距离的拍摄。运用跟镜头可得到被摄主体不变，但景物却不断变化的效果，仿佛跟在被摄主体后面，从而增强画面的现场感。

139

跟镜头具有很好的纪实意义，对人物、事件、场面的跟随记录会让画面显得非常真实，在纪录类题材的视频中较为常见。

跟镜头画面 1

跟镜头画面 2

跟镜头画面 3

7.2.8 升降镜头：营造戏剧性效果

拍摄者在面对被摄主体时，进行上下方向的运动所进行的拍摄，称为升降镜头。升降镜头可以实现以多个视点表现主体或场景。

运用升降镜头时合理把握速度和节奏，可以让画面呈现出戏剧性效果，或是强调主体的某些特质，比如可能会让人感觉被摄主体特别高大等。

降镜头画面 1

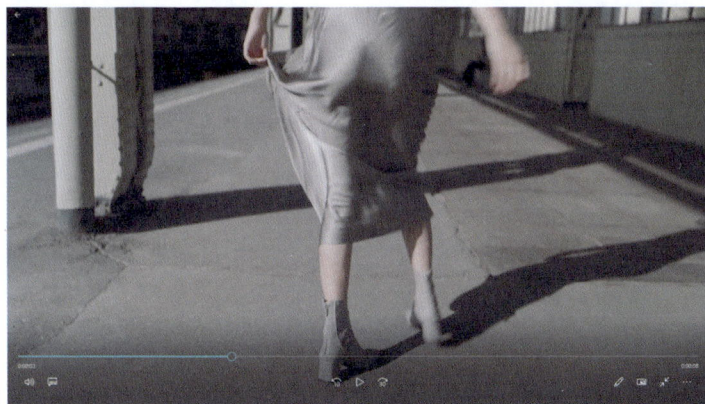

降镜头画面 2

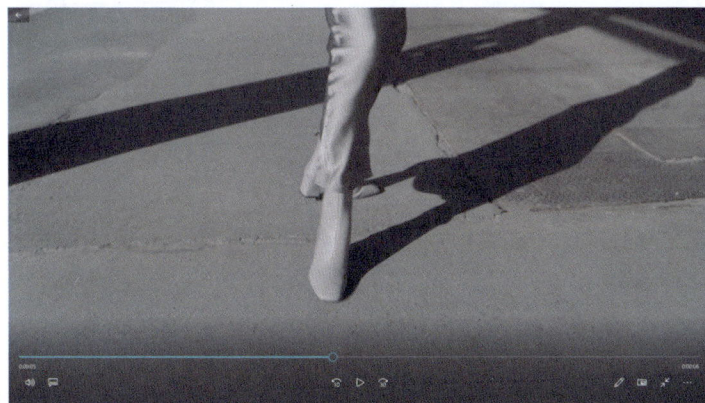

降镜头画面 3

升镜头画面 1

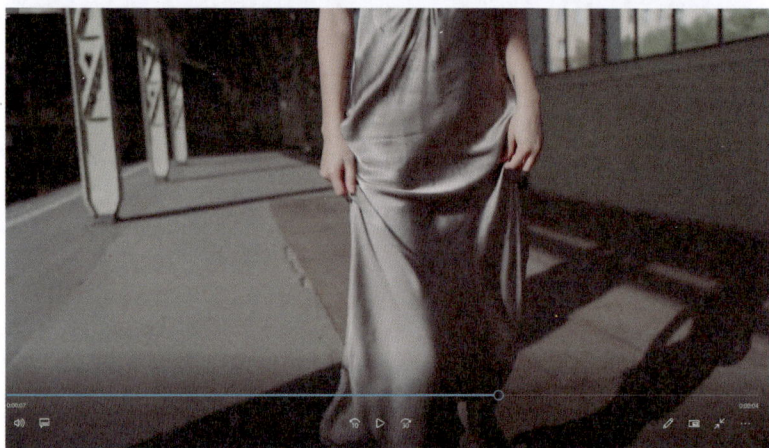
升镜头画面 2

升镜头画面 3

7.3　组合运动镜头

所谓组合运动镜头，是指在实际拍摄中，将多种不同的运镜方式组合起来使用，呈现在一个镜头当中，最终实现某些特殊的或是非常连贯的视觉效果和心理感受。一般来说，比较常见的组合运动镜头有跟镜头与升镜头，推镜头、移镜头与拉镜头，跟镜头、移镜头与推镜头等。当然，只要我们展开想象，还有更多的运镜方式可以组合在一起，呈现在一个镜头中。

下面，我们通过三种运镜方式，介绍组合运镜的实现方式与呈现的画面效果。

7.3.1　跟镜头与升镜头

首先来看第一种，跟镜头与升镜头。一般来说，以较低视角来跟踪拍摄，画面效果更理想。如果我们在运用跟镜头的同时，缓慢地将镜头升到近似人眼的高度，则可以以主观镜头的方式呈现出人眼所看到的效果，给观者一种与画面中人物相同视角的心理暗示，增强画面的现场感。

来看具体的画面，开始是跟镜头，拍摄者位于人物的后方；在运用跟镜头的过程当中，机位不断升高，达到人眼的大致高度，之后结束升镜头，继续进行跟镜头拍摄，这样就可以将人物所看到的画面与观者所看到的画面大致重合起来，增强现场感。

跟镜头画面　　　　　　　　　　　　跟镜头的同时进行升镜头 1

跟镜头的同时进行升镜头 2

升镜头结束后继续跟镜头拍摄

7.3.2　推镜头、移镜头与拉镜头

再来看第二种组合运镜，这种组合运镜在航拍中被称为甩尾运镜。其操作其实非常简单，确定目标对象之后，由远及近推进，先是推镜头到达足够近的位置，之后进行移镜头操作，将镜头移动一个角度之后迅速拉远，这样一推一移一拉，从而形成一个甩尾的动作，整个组合运镜下来，画面效果显得非常有动感。

这里要注意，在中间位置移镜头，镜头的移动速度要均匀一些，不要忽快忽慢，和目标对象的距离也不要忽远忽近，否则画面就会显得不够流畅。

推镜头画面 1

推镜头画面 2

移镜头画面 1

移镜头画面 2

144

<table>
<tr><td>拉镜头画面 1</td><td>拉镜头画面 2</td></tr>
</table>

7.3.3　跟镜头、移镜头与推镜头

再来看第三种，先是跟镜头，然后移镜头，最后推镜头。这种运镜方式可以呈现出多种角度的目标对象，包括正面、侧面、背面等，最终定位到人眼所看到的画面，即以一个非常主观的镜头结束，由人物带领观者观看他看到的画面，给观者更好的现场感。

看具体画面，首先，拍摄者不断后退，相对于人物来说，是一种跟镜头的拍摄；待人物扶住栏杆之后，拍摄者适当后退，然后移动自身及镜头，与人物所看的方向保持一致；推镜头拍摄，将镜头沿着人物所看的方向推进，最终定位到人物所看到的场景，从而让人感同身受。

<table>
<tr><td>跟镜头画面 1</td><td>跟镜头画面 2</td></tr>
</table>

跟镜头画面 3

移镜头画面 1

移镜头画面 2

移镜头的同时推镜头

推镜头画面 1

推镜头画面 2

146

7.4 常见的镜头组接方式

通常来说，短视频不止一个镜头，而是由多个镜头组接起来的。对多个镜头进行组接时，要注意一些特定的规律，这样才能让最终剪辑而成的短视频更自然、流畅，整体性更好，如同一篇行云流水的文章。

若要对两个及以上的镜头进行组接，景别的变化幅度不宜过大，否则容易出现跳跃感，让组接后的视频画面显得不够平滑、流畅。简单来说，如果从远景直接过渡到特写，那么跳跃性就非常大。当然，跳跃性大的景别组接也是存在的，即后续将要介绍的两极镜头。

7.4.1 前进式组接

这种组接方式是指景别由远景、全景，向近景、特写过渡，这样景别变化幅度适中，不会给人跳跃的感觉。

前进式组接 1

前进式组接 2

7.4.2　后退式组接

这种组接方式与前进式组接正好相反，是指景别由特写、近景逐渐向全景、远景过渡，最终视频可以呈现出细节到场景全貌的变化。

后退式组接 1

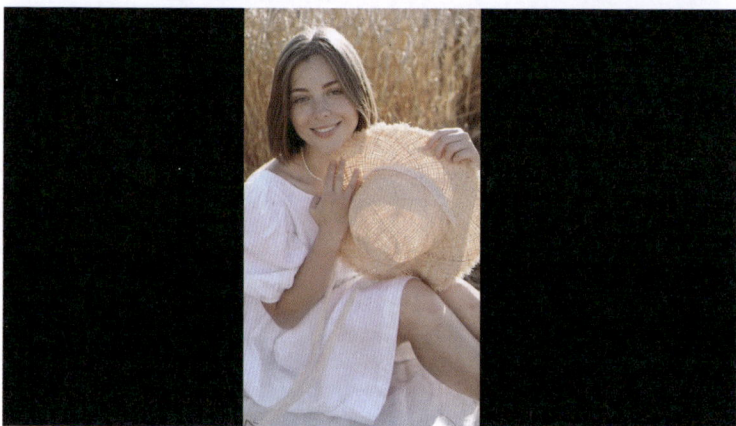

后退式组接 2

7.4.3　两极镜头

所谓两极镜头，是指镜头组接时由远景接特写或由特写接远景，跳跃性非常大。两极镜头让观者有较大的视觉落差，形成视觉冲击，一般在影片开头和结尾时使用，也可用于段落开头和结尾，不适宜用作叙事镜头，容易造成叙事不连贯的问题。

两极镜头 1

两极镜头 2

　　除上述几种组接方式外，在进行不同镜头的组接时，还应该注意最好不要将同机位、同景别，又是同一主体的镜头组接在一起，因为这样剪辑出来的视频中景物变化幅度非常小，不同镜头的画面看起来过于相似，好像同一镜头不断地重复，没有逻辑性可言，给观者的感觉自然不会太好。

7.4.4　固定镜头组接

　　固定镜头有利于表现静态环境，实际拍摄当中，我们常用远景、全景等大景别固定画面，以交代事件发生的地点和环境。

固定镜头画面 1

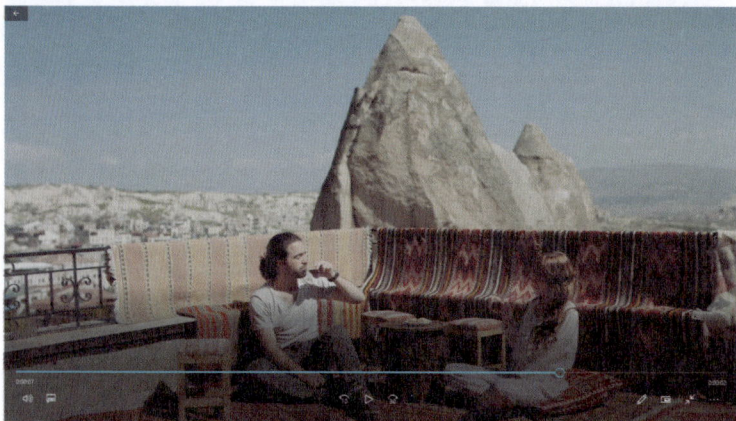
固定镜头画面 2

　　视频剪辑当中，固定镜头要尽量与运动镜头搭配使用，如果使用了太多的固定镜头，容易造成零碎感，不如运动镜头可以比较完整、真实地记录和再现生活原貌。

　　并不是说固定镜头之间就不能组接，一些特定的场景当中，固定镜头的组接也是比较常见的。

　　比如，表现某些特定风光场景时，不同固定镜头呈现的可能是这个场景不同的天气，有流云，有星空，有明月，有风雪，那进行固定镜头的组接就会非常有意思。但要注意的是，对同一个场景不同天气、时间等的固定镜头进行组接，不同镜头的时长最好相近，否则组接后的画面就会产生混乱感。

右面这 4 个画面，显示的是厨房内的同一个场景，同样是固定镜头，但显示了不同的时间在做不同的事，更像是一种步骤的解读。

固定镜头 1

固定镜头 2

固定镜头 3

固定镜头 4

7.5 镜头组接的技巧

7.5.1 动接动：运动镜头之间的组接

运动镜头之间的组接，要根据被摄主体、运动镜头的类型来判断是否要保留起幅与落幅。

举一个简单的例子，在拍摄婚礼等庆典场面的视频时，对不同主体人物、不同的人物动作镜头进行组接，镜头组接处的起幅与落幅就要剪掉；而对于一些表演性质的场景，对不同表演者都要进行一定的强调，所以对不同主体人物组接处的起幅与落幅可能就要保留。之所以说可能就要保留，是因为有时要追求紧凑、快节奏的视频效果，也可能需要剪掉组接处的起幅与落幅。

所以说，运动镜头之间的组接，要根据视频想要呈现的效果来进行判断，是比较难掌握的。

运动镜头 1

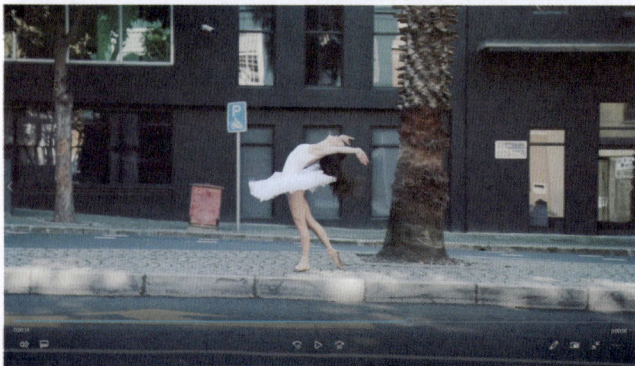

运动镜头 2

7.5.2 定接动：固定镜头和运动镜头组接

　　大多数情况下，固定镜头与运动镜头组接，需要在组接处保留起幅或落幅。如果是固定镜头在前，那么组接处最好要有起幅；如果是运动镜头在前，那么组接处要有落幅，避免组接后画面跳跃性太大，令人感到不适。

　　上述介绍的是一般规律，但在实际应用当中，可以不必严格遵守这种规律，只要不是大量固定镜头堆积，中间穿插一些运动镜头，就可以让视频整体流畅起来。

固定镜头 1

固定镜头 2

运动镜头 1

运动镜头 2

7.5.3 轴线与越轴

所谓轴线，是指主体运动的线路，或对话人物之间连线所在的轴线。轴线组接的概念及使用都很简单，但又非常重要，一旦出现违背轴线组接规律的情况，视频就会出现不连贯的问题，让观者感觉非常跳跃，不够自然。

看电视剧时，如果你仔细观察，就会发现，尽管有多个机位，但总是在对话人物的一侧进行拍摄，即都是在人物的左手侧或右手侧。如果同一个场景，有的机位在人物左侧，有的机位在右侧，那么这两个机位镜头就不能组接在一起，否则就称为越轴或跳轴。这种画面，除了为满足特殊的需要，一般是不能组接的。

所以，一般情况下，主体人物在进出画面时，我们需要注意，要从轴线一侧进行拍摄。

轴线运动镜头 1

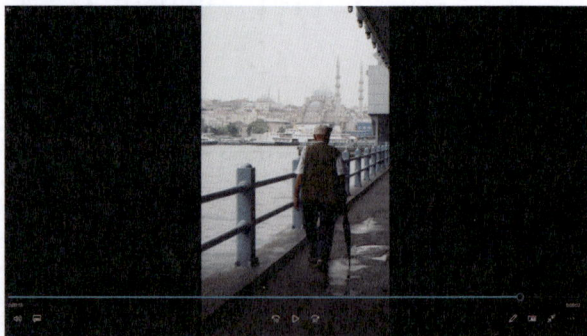

轴线运动镜头 2

154

第 **8** 章

短视频分镜头、
场景与道具设计

本章主要讲解短视频的拍摄技巧，包括短视频拍摄中会用
到的分镜头、场景选择以及服装、道具的使用，涵盖短视频实
际创作中所需的知识点和问题解答。

8.1 分镜头的内容与设计

分镜头一般是指分镜头脚本。分镜头脚本的设计是创作视频必不可少的前期准备，是创作人员领会创作意图、演员理解剧本内容、摄影师进行拍摄、剪辑师进行后期制作的基础和依据。

接下来我们讲解分镜头的内容以及分镜头的设计。

8.1.1 分镜头的内容

短视频的拍摄不像电影那样要求严格，所以分镜头的脚本格式会简略一些。比如简单列出要拍的镜头中需出现哪些人、物、景等内容，要怎么去做动作、布置场景、准备道具，这个镜头需要怎样的拍摄方法，大概的镜头时长和怎样与下面的分镜做衔接等细节。分镜头是短视频创作者思路和能力的体现，在拍摄之前，可以详细列出该视频需要的镜头，并按照上面的内容列举注释，这样视频观感会变得更好，在需要调整视频内容的时候也可以针对性地进行修改，并有记录可查。

风景宣传片 分镜头脚本						
					地点：xxx旅游景区	
				影片时长：2分钟 工作人数：x人		
分镜头编号	画面内容	拍摄方法	镜头时长	景别	音乐	备注
01						
02						
03						
04						
05						
06						

短视频分镜头脚本

8.1.2 分镜头设计

分镜头设计包括整体思路、分镜头编号、确定镜头景别、镜头时长、拍摄方式、字幕和旁白等方面的设计。

规划整体思路

先确定整个短视频的时长，列出总的镜头数。然后确定开头结尾的方式、内容需要通过几部分展现、节奏点的分布，从头到尾按顺序梳理好。最后对总体节奏进行判断，判断安排是否合理，将不合理的内容进行初步调整。

分镜头编号

按顺序给每个分镜头进行编号，按分镜头编号顺序安排场景的切换和人物的出场顺序。

确定镜头景别

景别的选择对分镜头效果的展现有重要的影响。在相同环境背景和人物造型下，不同的景别会呈现出不同的情绪和内容，对短视频整体的风格有着很大的影响。

镜头时长

在规划整体思路时会对整个短视频的时长进行一个初步规划，这一步就是将每个分镜头的时长进行细化，重点镜头多给时间进行展现，非重点镜头则减少时长。这里需注意的一个点是，在后期加入配音时，还需要考虑分镜头衔接处的音乐是否恰当，分镜头衔接是否能在节奏点上。

拍摄方式

明确每个镜头的运镜方式和镜头间的转换方式，拍摄方式和景别的作用相似，都会对短视频整体风格思路起到重要的引导展示作用。镜头的选取也有讲究，拍摄方式应尽量保持相似，过多的拍摄方式频繁切换会适得其反。

字幕和旁白

短视频制作中的一个小技巧，就是巧妙使用字幕和旁白能加深观众对短视频的印象和理解，让他们更好地跟上短视频的思路。

8.2　拍摄场景选择

本节结合实战案例，对短视频拍摄中的场景选择进行了详细的分析讲解。场景是对视频画面中场地类型和环境背景的简称，对描述叙事环境、故事剧情的发展及人物的塑造方面具有重要的作用，是一个不可或缺的部分。大到电影、电视剧，小到微电影、短视频，都要求有合适场景的支持。

8.2.1　主题与场景适配

选择短视频场景时，要注意场景与短视频内容的契合度，根据要表现的主题选择合适的场景。

例如，网络授课类的短视频一般会选择在室内较为安静的场景下进行拍摄，并搭配对应的字幕进行内容引导。如果这类题材的短视频放在室外空旷的环境中进行拍摄，就会显得环境和主题毫不搭边。而情感类短视频则不局限于在室内拍摄，在室外拍摄也能取得不错的效果。

网络授课类短视频场景　　　　　　　情感类短视频场景

在拍摄旅游宣传类、美食探店类的短视频时，则需要在选取对应主题场景的基础上，在较为安静的场合进行拍摄，背景也应空旷简洁，避免出现人来人往的干扰镜头、周围声音过于嘈杂等问题，以免对画面造成负面影响。

旅游宣传类短视频场景　　　　　　美食探店类短视频场景

随着短视频的迅速发展，观众对短视频内容和场景的需求也变得更加多样化和专业化，短视频的制作从最初的简单粗略逐渐演变为一门艺术。

为了顺应短视频创作的发展趋势，场景的选择在其中变得越来越重要。合适的场景能够对短视频主题起到很好的烘托作用，能够让观众在观看短视频时更加投入，这对于短视频作品本身来说，也可以达到事半功倍的效果。

8.2.2　寻找优质场景

短视频的场景选择不理想，容易导致视频内容与镜头画风有违和感。主观上来说，创作者可能没有意识到场景对画面品质和主题所产生的巨大影响；客观地讲，部分场景需要投入成本或产生费用，比如选择旅游景点、"网红"店铺、民宿酒店、豪华游艇等场景拍摄，或多或少都会产生一定的费用。在此种情况下，我们就需要寻找低成本、高品质的场景。

资源置换

在许多影视作品中,我们能看到演员经常出入一些店铺、餐厅、咖啡馆等场景,他们使用的可能就是资源置换方法,这种方法在专业电影拍摄中比较多见。这种方法既可降低场景成本投入,还能将故事情节融入环境氛围。

例如,今天要拍摄的是一个浪漫的约会场景,就可以寻找西餐厅、电影院、游乐场等具有浪漫氛围的场景。如果选择的场景是西餐厅,那么将整个西餐厅租下来的费用会非常高,而且会失去其他用餐者这一背景,视频画面就会显得比较空洞。此时你可以和西餐厅老板取得联系,表明拍摄意图和需求,同时提出可以为西餐厅做广告宣传、流量引入、餐品植入介绍等,争取老板的同意。将各自的优势进行互换达到共赢,这就是资源置换方法。

短视频的拍摄要求没有电影或电视剧的要求那么高,将自己需要的分镜头通过几分钟或几十分钟的拍摄完成即可。场地要求也较低,并不需要将整个西餐厅环境纳入镜头画面,而是只需要在某一个角落取景即可。

餐厅场景 咖啡馆场景

公共场景

这里的公共场景涵盖面较广，既有广场、公园、夜市等室外公共场景，也有商场、地铁站等室内公共场景。这种场景的特点是无须额外支付费用即可进行拍摄，可根据短视频实际需要的场景来进行选择。在拍摄时需要注意不影响其他人的正常生活，在需要街头采访或是邀请路人入镜时应先征得他人同意。

公园场景 商场场景

租赁场景

部分短视频在拍摄时会遇到以上两种方式均不适用的情况，如广告类、测评类、变装类短视频。此时可考虑寻找价格较低的影棚进行拍摄。

对于入门者来说，即使现在没有拍摄需求，也要做到提前积累相关资源，在遇到相关需求时做到临危不乱，提高拍摄效率。部分影棚还兼营车辆租赁、服装道具租赁、摄影器材租赁等业务，几乎可以满足拍摄短视频的所有需求。

在影棚内拍摄的广告类短视频

8.3 服装和道具的选择

8.3.1 服装的选择

　　服装的选择和场景的选择同样重要，都能对视频内容的表达产生较大的影响。如何更好地选择服装，也是短视频创作者必须掌握的内容。下面根据几个热门短视频类别的实际案例，具体分析服装和人物造型应该如何搭配。

　　在短视频中，人物的服装要求往往没有影视作品的要求那样严格，个人的服饰穿搭就可以满足基本的拍摄要求。比如都市题材的短视频中，取景可以只选择人物的上半身，这样对服装搭配的要求就会变低，只需要搭配好合适的上身着装即可。

例如，拍摄商务类短视频时，选择衬衣、西装、polo 衫等服装就是合适的，反之 T 恤、背心等衣服则不合适（搞笑类刻意突出反差效果的除外）。如果视频题材中需要定制衣服，比如凸显某个动漫形象或搞怪题材，则可以根据场景和剧情需要定制服装。

商务类造型

特色类造型

8.3.2 道具的选择

道具往往来自生活，根据属性，可分为实用型、装饰型、消耗型等类别。道具是短视频拍摄不可缺少的一部分，对故事情节有着推动的作用。视频中可以通过道具来反映故事发生的背景、年代、环境、人物状态等。

车辆道具

手表道具

在短视频拍摄中应尽量选择真实的物品作为道具。根据用途，道具可分为陈设道具、气氛道具、戏用道具等。其中，陈设道具用来增加场景中的画面内容；气氛道具用来衬托画面气氛；戏用道具是会与演员表演发生直接关系的。选择道具时，应尽量选择免费或便宜的、使用频率高的或是可以借用的，这样可以节约长期拍摄成本。

第 9 章

用剪映 APP 制作
精彩短视频

　　现如今，视频剪辑 APP 如雨后春笋般出现，其中较常用、较易上手的莫过于剪映 APP 了。本章就以剪映 APP 为例，介绍它的使用方法和剪辑技巧，并结合实际案例，教你将多个散乱的视频素材整合制作成一个完整的、精彩绝伦的短视频。

熟悉剪映 APP

9.1.1 剪映主界面、"帮助中心"和"设置中心"

打开剪映主界面，可以看到主界面共分为五个区域，分别是"帮助"按钮和"设置"按钮、素材创作区、剪辑功能区、本地草稿区和底部菜单栏。

在主界面的右上角可以看到"帮助"按钮和"设置"按钮。点击"帮助"按钮，进入帮助中心，会看到"最新功能"和"常见问题"两个分区。

"最新功能"中会列举剪映 APP 的新功能并进行视频讲解教学，其中包括"图文成片""智能抠像""识别字幕"等功能。在功能介绍视频的右下角有一个以黄色图标显示的"边看边剪"功能，可以在浮窗观看教学视频的同时剪辑视频，很适合第一次使用软件时观看使用。

"常见问题"中有许多关于学习操作技巧时遇到的问题并都附有解答，值得去反复翻阅学习。常浏览这一分区可以很快地提高软件操作水平。

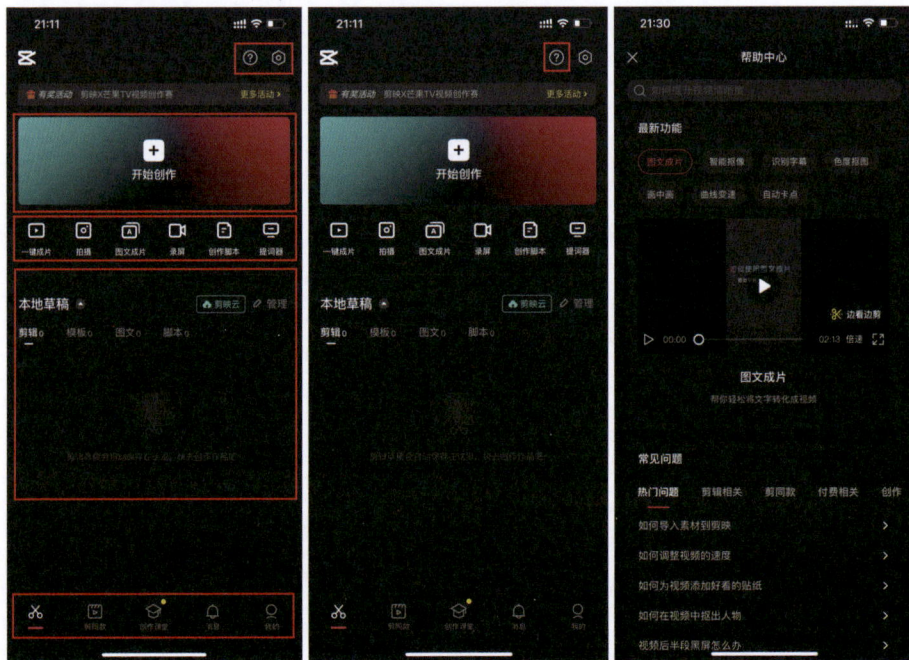

剪映主界面　　　　　点击"帮助"按钮　　　　"帮助中心"界面

在"帮助中心"里找到搜索框，用户可根据需求在搜索框内进行指向性内容搜索。例如在搜索框中输入"如何导入本地音乐"，即可搜索到相关结果。

输入搜索内容

搜到的教学视频

点击"设置"按钮，进入"设置中心"，其中包含"意见反馈""个人信息收集设置""用户协议""隐私条款"等选项。常用的是"清理缓存"功能，它可以将之前不用的缓存内容进行清除，释放内存空间。

点击"设置"按钮

清理缓存

9.1.2 素材创作区

点击"开始创作"按钮，即可进入"最近项目"素材选择界面，此界面能自动关联手机相册，打开手机相册中最近的视频和照片等素材，用户可直接将手机相册中需编辑的视频或照片添加到剪辑项目里。

点击"开始创作"按钮　　　　素材选择界面1　　　　素材选择界面2

为了提高剪辑的效率，建议提前对所有的素材进行整理分类。

根据个人偏好，可将手机相册命名为方便查找的相册名称。例如按照片类型区分，可分为：自拍、风景、物品等。按时间区分，可分为：第一天、第二天、第三天等。按照创作思路区分，可分为：片头素材、片中素材、片尾素材等。

在"最近项目"按钮右侧有一个"素材库"按钮。点击"素材库"按钮，即可进入软件自带的视频素材库，其中包括"热门""综艺""转场片段""搞笑片段""故障动画"等选项，可在里面选择需要的素材内容。例如在"转场片段"中可以看到很多时下比较流行的视频转场片段。

| 给照片分类 | 点击"素材库"按钮 | 素材选择界面 |

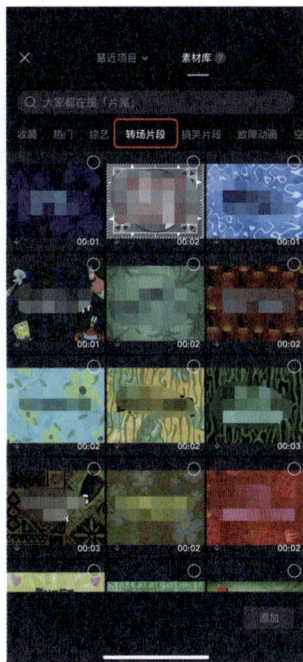

9.1.3　剪辑功能区

　　素材创作区的下方是剪映 APP 的剪辑功能区，其中包括"一键成片""拍摄""图文成片""录屏""创作脚本""提词器"等功能。

　　除了在素材创作区制作自己的原创视频，还可以使用剪映 APP 的"一键成片"和"图文成片"功能快速生成一个酷炫的短视频。

剪辑功能区

"一键成片"功能

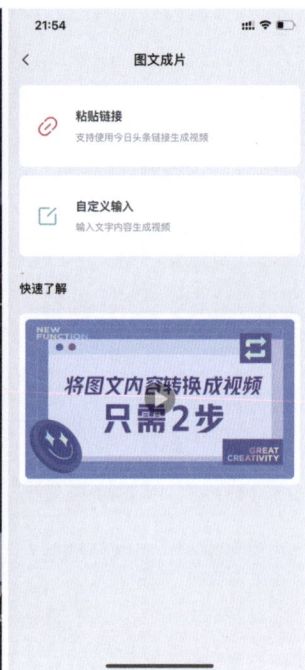

"图文成片"功能

点击"管理"按钮

选择和删除草稿

9.1.4　本地草稿区

　　"本地草稿"区会记录曾经使用剪映APP剪辑过的短视频，所有的草稿都会被保存在"本地草稿"区中。点击"管理"按钮，可以对不再需要的草稿进行选择和删除。

9.1.5　底部菜单栏

剪映主界面的底部是菜单栏。点击菜单栏中的"剪辑""剪同款""创作课堂""消息""我的"按钮，即可切换至对应的功能界面。

"剪辑"功能界面，即剪映主界面。

"剪同款"功能界面中有非常多的视频模板，类似于剪辑交流的社区，在这里可以使用视频创作者上传的模板，但有些模板需要付费使用。"剪同款"功能界面中同样也有"一键成片"功能。

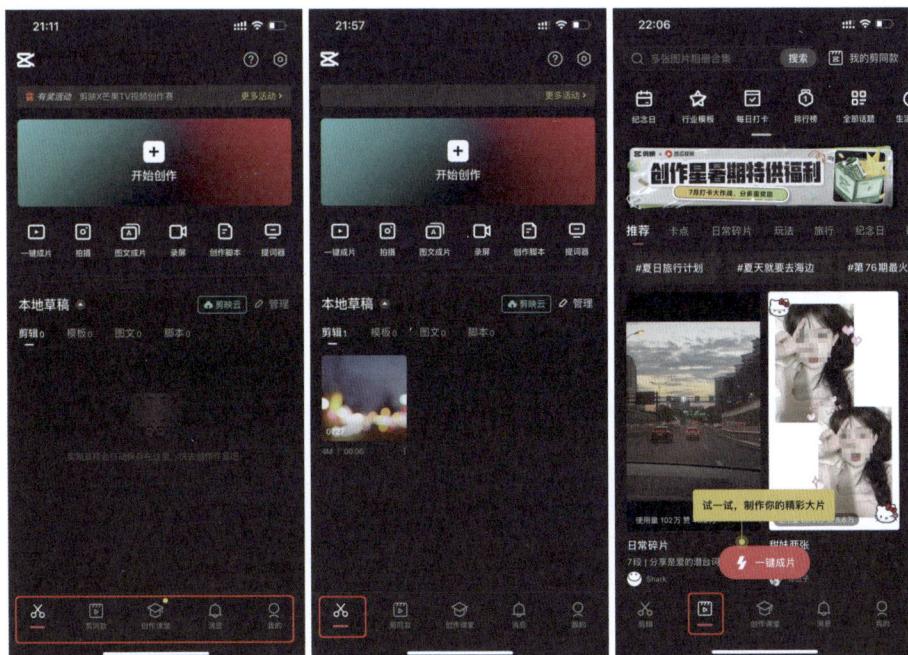

底部菜单栏　　　　　　　　"剪辑"功能界面　　　　　　"剪同款"功能界面

在"创作课堂"功能界面中可以学习拍摄方法、剪辑方法、创作思路、账号运营等方面的知识内容，建议新手反复观看学习，这对技能提升有很好的作用。

在"消息"功能界面可以查看"官方""评论""粉丝""点赞"等不同类别的消息推送。

在"我的"功能界面中，可以管理自己的账号。在这里可以更改头像，编辑资料，观看关注数、粉丝数、获赞数情况。剪映 APP 可以关联抖音账号，关联后可直接打开关联抖音账号的主页。

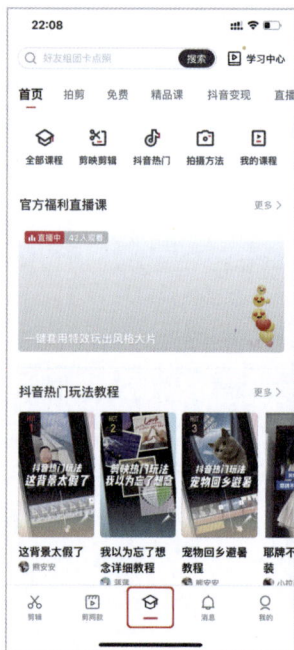

"创作课堂"功能界面　　　"消息"功能界面　　　"我的"功能界面

9.2　剪辑界面功能

本节针对剪辑界面的功能应用进行讲解，包括"帮助""1080P"和"导出"按钮、素材预览区、剪辑轨道区、工具栏功能的详细操作步骤解读。

9.2.1　素材添加

点击"开始创作"按钮，进入素材选择界面，在手机相册中选择一个或多个素材，然后点击"添加"按钮，即可将素材导入剪辑轨道。

将素材导入剪辑轨道之后，会出现剪映 APP 的剪辑界面。在剪辑界面中，我们可以运用各种基础工具来编辑和优化视频，下面就来详细介绍一些日常剪辑中会使用到的基础工具。

点击"开始创作"按钮　　　　素材选择界面　　　　剪辑界面

剪辑界面分为四个区域：顶部的"帮助""1080P"和"导出"按钮，上方的素材预览区，下方的剪辑轨道区以及底部的工具栏。

9.2.2 "帮助""1080P"和"导出"按钮

在剪辑界面的顶部，可以看到"帮助"按钮、"1080P"下拉按钮和"导出"按钮。

点击"帮助"按钮，即可进入"帮助中心"。

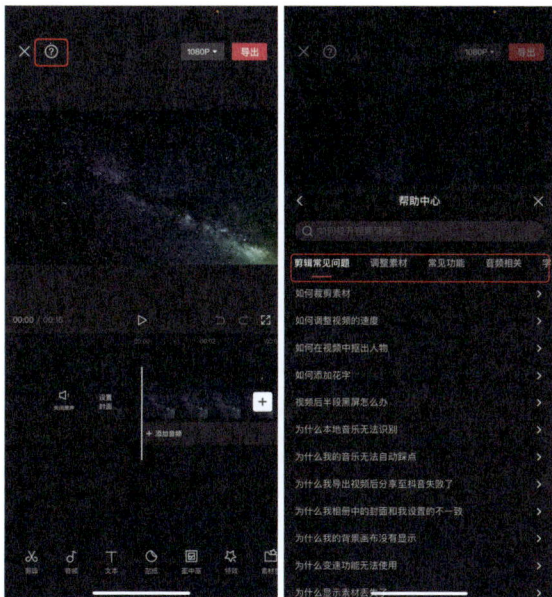

点击"帮助"按钮　　　　进入"帮助中心"

点击"1080P"下拉按钮，即可设置视频的分辨率和帧率。

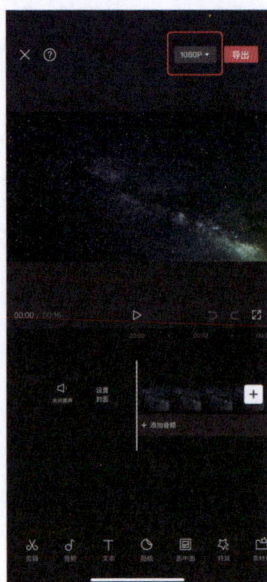

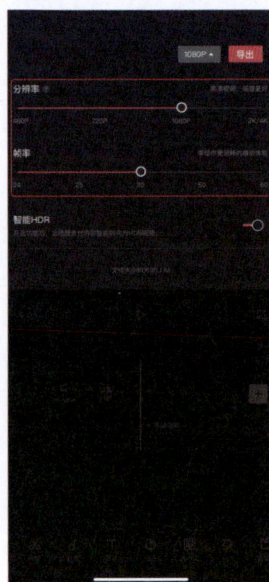

点击"1080P"下拉按钮　　　　设置视频"分辨率"和"帧率"

点击"导出"按钮，即可将剪辑好的视频导出。

点击"导出"按钮　　　　　　导出视频

9.2.3　素材预览区

在素材预览区可以实时预览视频画面。在素材预览区的最下方可以查看视频的播放进度和视频的总时长。

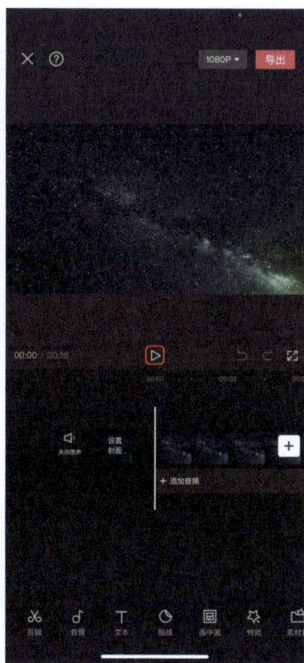

点击"播放"按钮，即可预览视频；点击"暂停播放"按钮，即可停止预览视频。

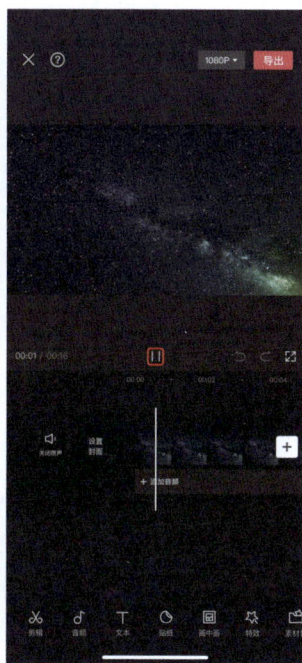

| 素材预览区 | 点击"播放"按钮，
预览视频 | 点击"暂停播放"按钮，
停止预览视频 |

点击"撤销"按钮，即可撤销失误的操作；点击"恢复"按钮，即可恢复上一步的操作。

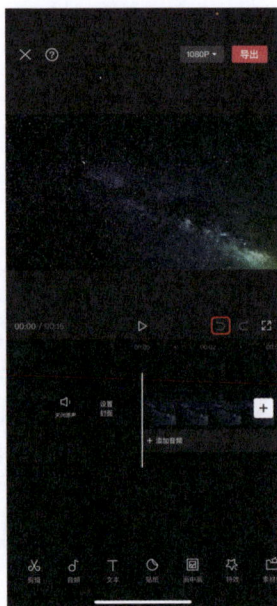

点击"撤销"按钮，撤销操作

点击"恢复"按钮，恢复操作

点击"全屏显示"按钮，即可全屏预览视频效果。

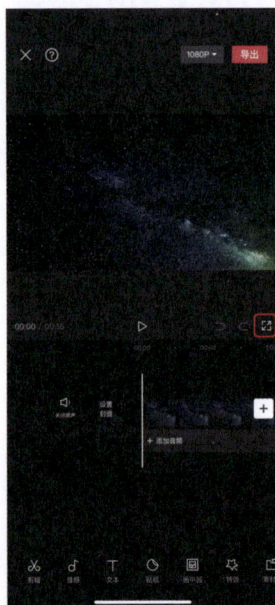

点击"全屏显示"按钮

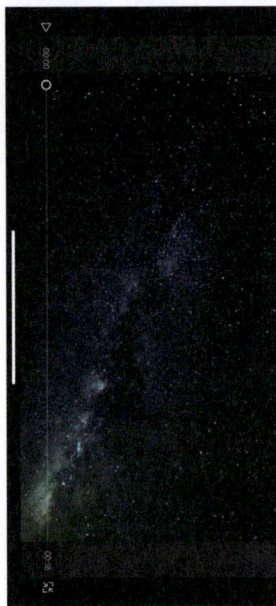

全屏预览视频效果

9.2.4　剪辑轨道区

剪辑轨道区包括素材轨道、音频轨道、文本轨道、贴纸轨道、特效轨道、滤镜轨道等，主要用来辅助各类剪辑工具进行短视频的剪辑。

剪辑轨道区的顶部为轨道时间线，滑动轨道时间线可以实现剪辑项目的预览。

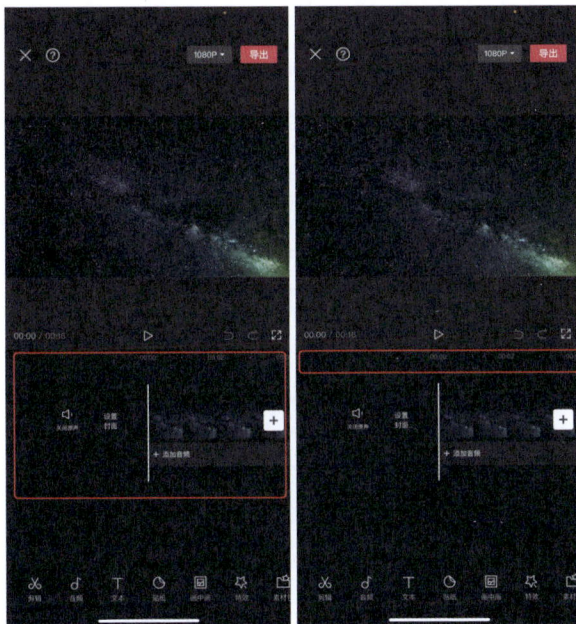

剪辑轨道区

轨道时间线

剪辑轨道区的左侧是"关闭/开启原声"按钮和"设置封面"按钮。

点击"关闭原声"按钮，即可关闭视频的原声；点击"开启原声"按钮，即可打开视频的原声。

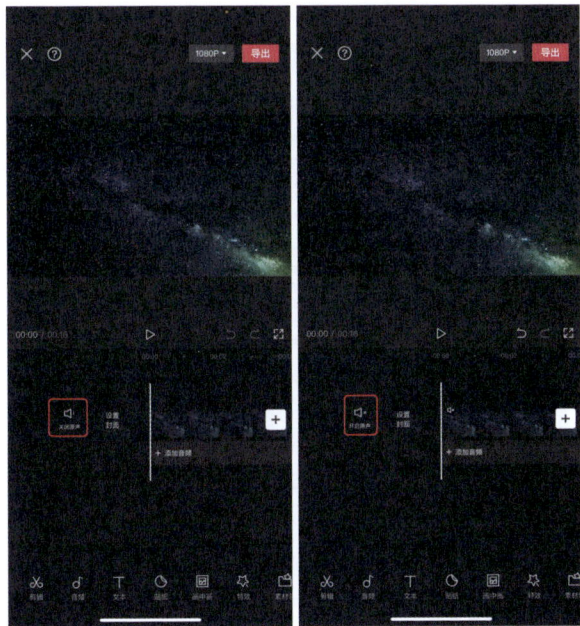

"关闭原声"按钮

"开启原声"按钮

点击"设置封面"按钮，可以使用剪映 APP 内置的封面模板，为短视频设计封面。

点击"设置封面"按钮

点击"封面模板"按钮

选择模板并编辑封面

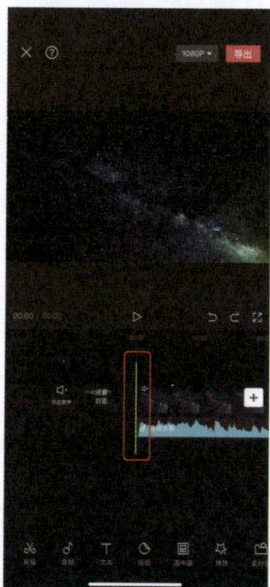

素材编辑轨道上的时间轴竖线

剪辑轨道区的中间为视频、音频、文本、贴纸以及特效等素材的编辑轨道。轨道上有一条白色的时间轴竖线，它能够帮助我们定位素材的时间点。

音频轨道是蓝色的，文本轨道是橙色的，贴纸轨道是浅橙色的，特效轨道是紫色的，滤镜轨道是靛蓝色的。我们可以根据需要添加多条轨道，轨道可以任意编辑，包括轨道的时长、位置和内容等。

音频轨道

文本轨道

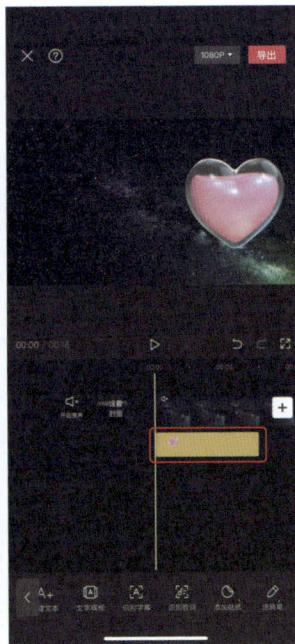

贴纸轨道

特效轨道

滤镜轨道

在剪辑轨道区左右滑动，可以快速预览视频的内容。

剪辑轨道区的最右侧有一个"+"按钮。当想要为现有视频添加新的素材时，可以点击"+"按钮，进入素材选择界面。

在剪辑轨道区左右滑动，
快速预览视频

点击"+"按钮

素材选择界面

9.2.5　工具栏

剪辑界面最下方是一级工具栏，主要包括"剪辑""音频""文本""贴纸""画中画""特效"等工具。

点击任意一个一级工具，即可进入二级工具栏，对素材进行进一步的调整。如果需要返回一级工具栏，点击"<"按钮即可。

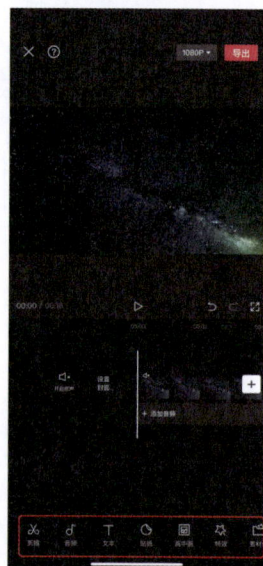

一级工具栏

180

点击任意一级工具　　　　　　进入二级工具栏　　　　点击 "<" 按钮返回一级工具栏

　　还有一种返回一级工具栏的方法是点击 "√" 按钮完成效果的制作。例如点击 "素材包" 按钮，选择一个想要的素材包，然后点击 "√" 按钮，即可返回一级工具栏。

点击 "素材包" 按钮　　　　选择素材包，点击 "√" 按钮返回一级工具栏

以上就是剪映 APP 的剪辑界面的功能介绍，熟悉了剪辑界面的功能之后，我们就可以开始短视频的剪辑制作了。

9.3 短视频的剪辑方法

本节讲解短视频的剪辑方法，将剪映 APP 中常用的视频剪辑功能进行拆分讲解，细致的讲解方式可以更好地帮助读者快速上手。

在剪映主界面点击"开始创作"按钮，进入素材选择界面。在手机相册中选择需要剪辑的视频素材，点击素材选择界面右下角的"添加"按钮，将该视频素材导入剪辑项目。导入时可选择一个视频也可选择多个视频同时导入。

点击"开始创作"按钮   素材选择界面   剪辑界面

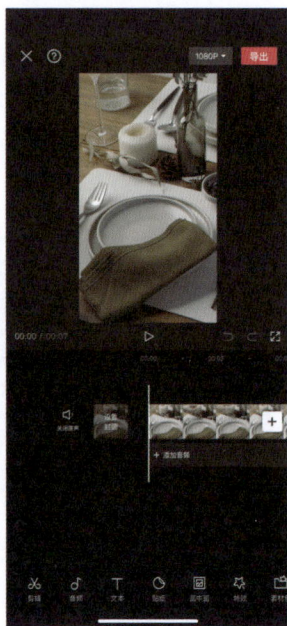

点击"剪辑"按钮，即可进入剪辑工具栏。里面的功能包括"分割""删除""变速""动画""智能抠像""抖音玩法""音频分离""编辑""滤镜""调节""美颜美体""蒙版""色度抠图""切画中画""替换""防抖""复制""倒放""定

格"等。在剪辑工具栏左右滑
动，可以看到这些剪辑工具，
供日常剪辑使用。下面我们逐
一讲解上述剪辑工具的作用。

点击"剪辑"按钮　　　　　剪辑工具栏

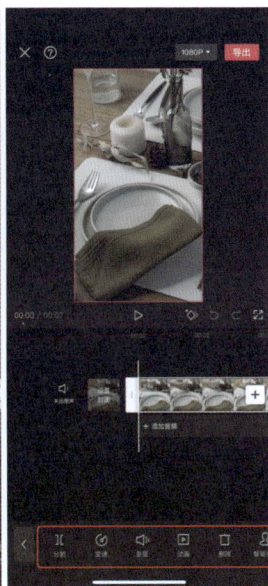

9.3.1　分割视频

将时间轴竖线定位
在需要分割的时间点，
然后点击底部剪辑工具
栏的"分割"按钮，即
可将选中的视频素材分
割成两段。

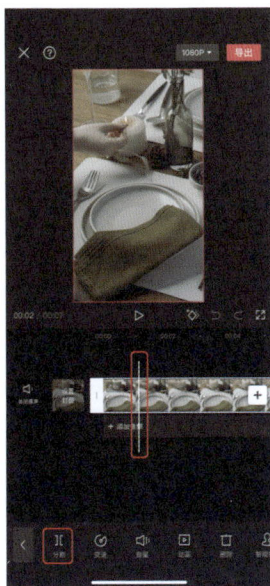

定位时间轴竖线，点击"分割"按钮　　　　分割素材

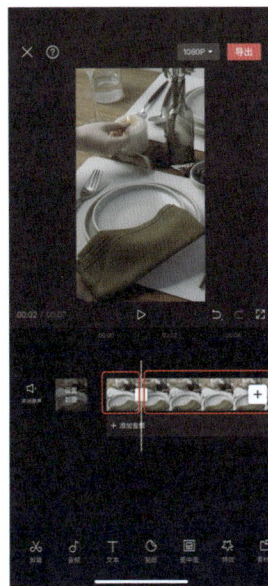

9.3.2 删除视频

拖动进度条选择视频内的某一片段,点击"删除"按钮,即可将该片段删除。

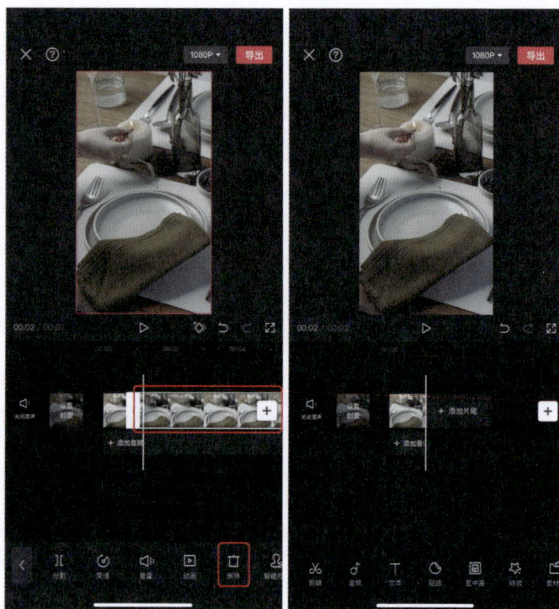

选择素材,点击"删除"按钮　　　删除素材

9.3.3 视频变速

当我们想要实现视频变速时,可以使用变速工具。点击"变速"按钮,点击"常规变速"或"曲线变速"按钮对视频进行变速。

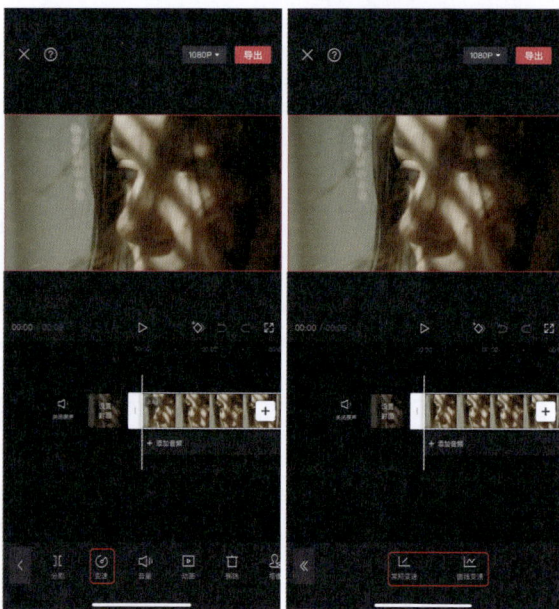

点击"变速"按钮　　　点击"常规变速"或"曲线变速"按钮

点击"常规变速"按钮，即可进入常规变速界面，拖动变速滑块可以更改视频的播放速度，支持 0.1 倍～ 100 倍的播放速度，选择要变速的值后点击"√"按钮即可完成常规变速的调整。

点击"曲线变速"按钮，即可进入曲线变速界面，在这一界面可以选择曲线变速的效果。例如，这里选择"蒙太奇"效果，再点击"点击编辑"按钮，可以任意更改效果的速度，还可以通过点击"删除点"或"添加点"按钮来删除或添加

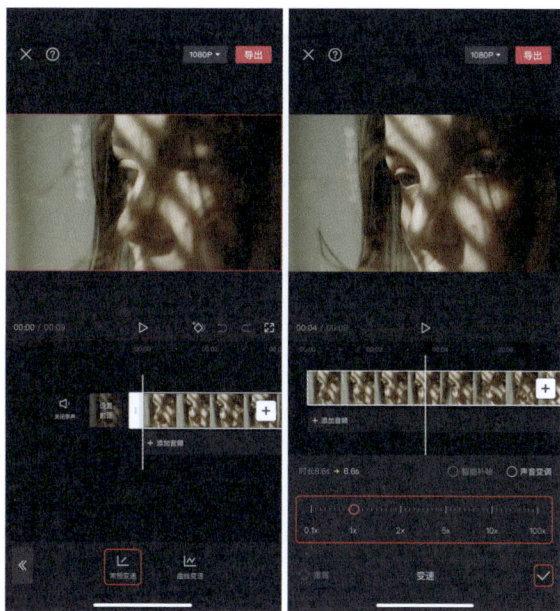

点击"常规变速"按钮　　在常规变速界面中调整播放速度

播放的速度转换节点，编辑完成后点击"√"按钮，返回曲线变速界面。再次点击"√"按钮即可完成曲线变速的调整。

点击"曲线变速"按钮　　　　选择变速效果　　　　　　编辑变速效果

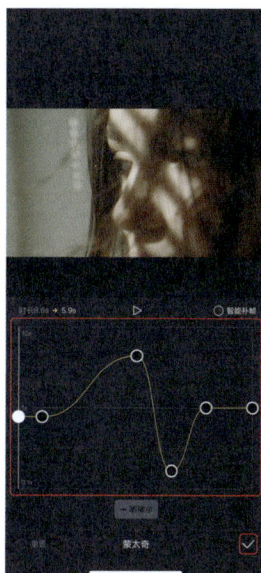

调整好视频的播放速度之后，点击"<<"按钮，即可返回剪辑工具栏。

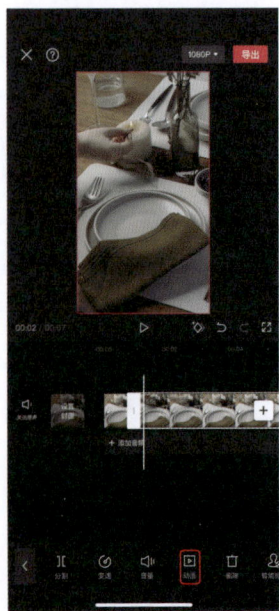

点击"<<"按钮，返回剪辑工具栏

9.3.4 视频动画

点击"动画"按钮，进入动画工具栏，可以看到"入场动画""出场动画""组合动画"三个按钮。在这里可以为选中的视频素材添加动画效果。

点击"动画"按钮　　　　选择动画效果

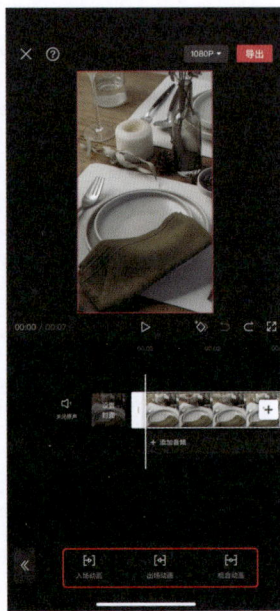

以"组合动画"功能为例。点击"组合动画"按钮，可以为选中的视频素材添加组合动画。动画类型包括"拉伸扭曲""扭曲拉伸""波动吸收""波动放大""旋转降落""方片转动"等。选择"扭曲拉伸"动画，视频即可获取此动画，在动画下方拖动进度条可以调整动画的时长。同样，完成后点击"√"按钮，即可返回上一级工具栏。点击界面左下角的"<<"按钮，即可返回剪辑工具栏。

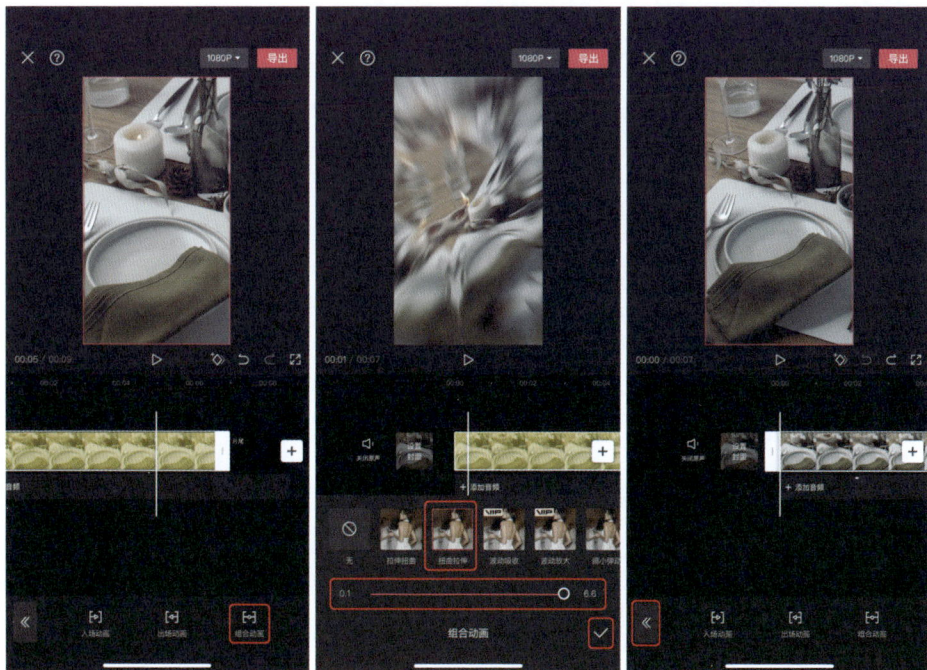

| 点击"组合动画"按钮 | 选择并编辑动画效果 | 点击"<<"按钮，返回剪辑工具栏 |

9.3.5　智能抠像

点击"智能抠像"按钮，剪映 APP 会自动识别视频当中的主体并进行抠像的处理。抠像后的视频效果为：只保留被识别的主体，其余画面用黑色背景替代。

187

点击"智能抠像"按钮

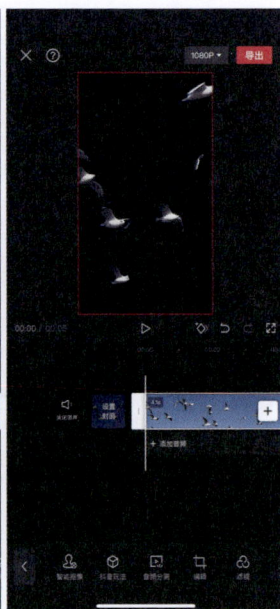

智能抠像后的界面

9.3.6 抖音玩法

点击"抖音玩法"按钮，可以看到里面有"漫画写真""微笑""摇摆运镜""万物分割"等抖音玩法模板，点击即可自动套用。不过有些视频不支持抖音玩法的使用，应根据实际情况而定。

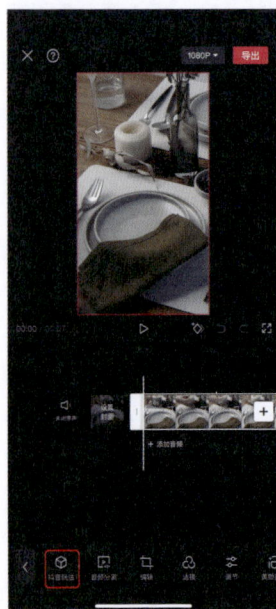

点击"抖音玩法"按钮

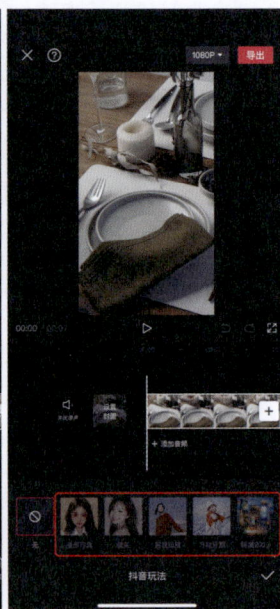

选择抖音玩法

例如这个视频支持使用"丝滑变速"抖音玩法，我们可以尝试一下"丝滑变速"抖音玩法的效果，如果对该效果满意，那么可以点击"√"按钮，确认使用该玩法。如果对该效果不满意，那么可以点击"无"按钮，取消该效果，然后再点击"√"按钮，返回上一级工具栏。

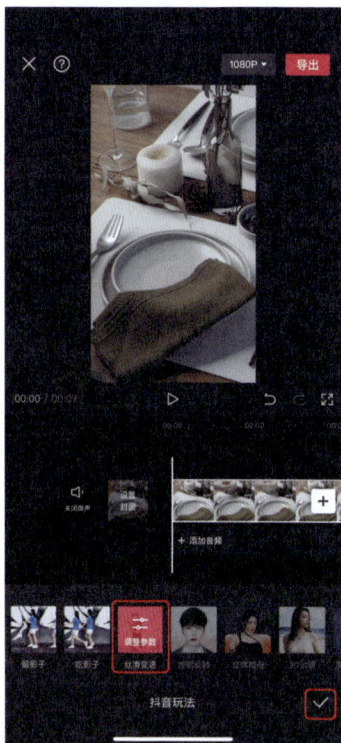

"丝滑变速"抖音玩法　　　　　　　　取消抖音玩法

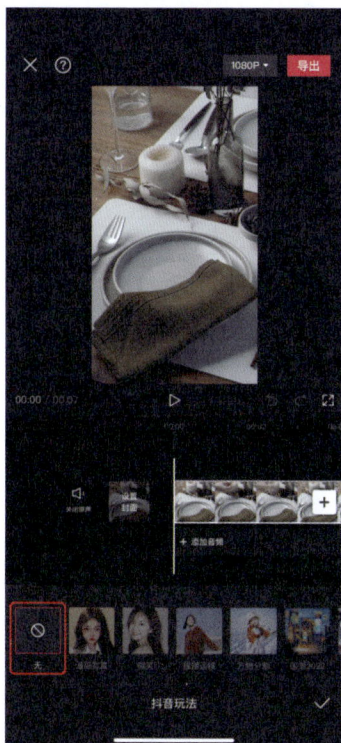

9.3.7　音频分离

点击"音频分离"按钮，就可以看到视频画面和音频被分成了两条轨道，选中音频轨道，就可以单独对音频轨道进行编辑，包括"音量""淡化""分割""变声""删除""变速"等操作。当需要单独对视频原声进行编辑但又不想破坏视频本身时，可以使用音频分离功能。

189

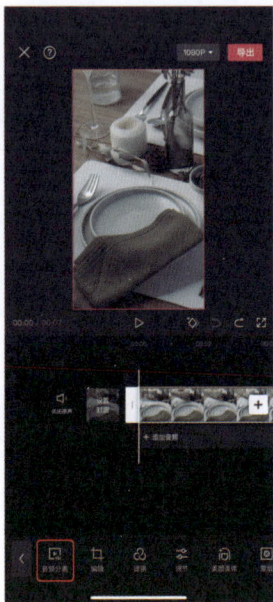

点击"音频分离"按钮　　　　分离音频和视频　　　　音频编辑界面

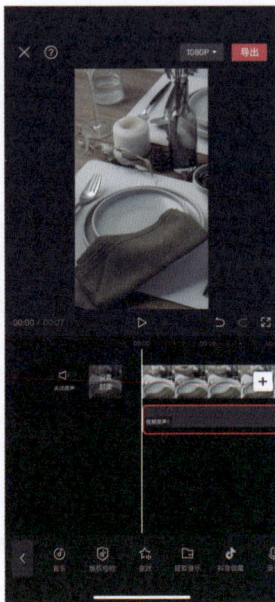

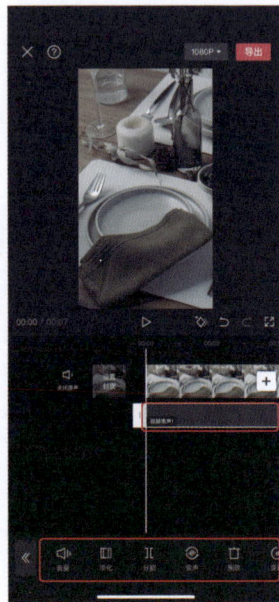

9.3.8　视频画面的旋转、镜像和裁剪

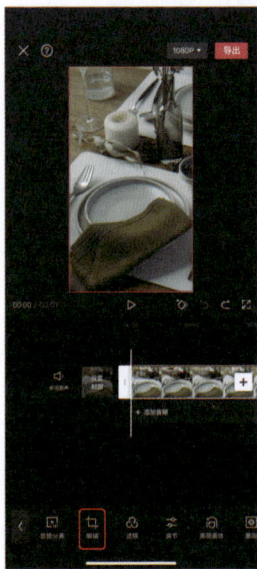

点击"编辑"按钮　　　　编辑工具栏

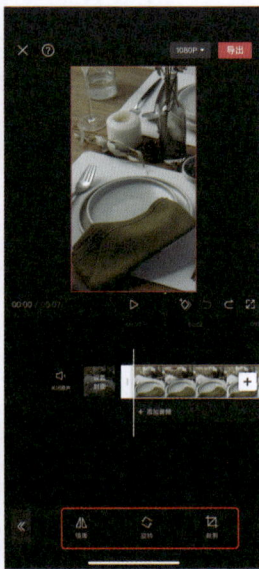

点击"编辑"按钮，打开编辑工具栏后可以看到"镜像""旋转""裁剪"按钮。

点击"镜像"按钮，画面就会具有镜像的效果。

点击"旋转"按钮，画面会沿顺时针方向旋转，每点击一次画面旋转90°。

点击"裁剪"按钮，可对画面进行不同方式的裁剪。通过视频外侧的白色方框可自由设置裁剪尺寸，手动拖动即可。可选择具体角度进行裁剪。点击比例模板可根据"自由""16：9""1：1""4：3"等尺寸裁剪。裁剪操作建议放在整个视频编辑的最开始进行。

9.3.9　添加滤镜和调节色调

"滤镜"和"调节"是剪辑工具里常用且强大的功能。使用这两个功能可以快速为短视频添加滤镜和调节色调，完成色调风格的处理。

点击剪辑工具栏中的"滤镜"按钮，进入滤镜工具栏，滤镜工具栏中会有"精选""影视级""人像""风景""复古胶片"等滤镜一级类别，在每个一级类别下面还会有多种更细的滤镜分类。在这里可以选择喜欢的滤镜，同时还可以对该滤镜的展示效果进行调整。如果想将该滤镜应用到所有视频素材上，直接点击"全局应用"按钮即可。选定滤镜后点击"√"按钮。

小贴士

长按视频画面可以对比使用滤镜前后的效果，长按具体滤镜可将该滤镜收藏，方便以后使用。

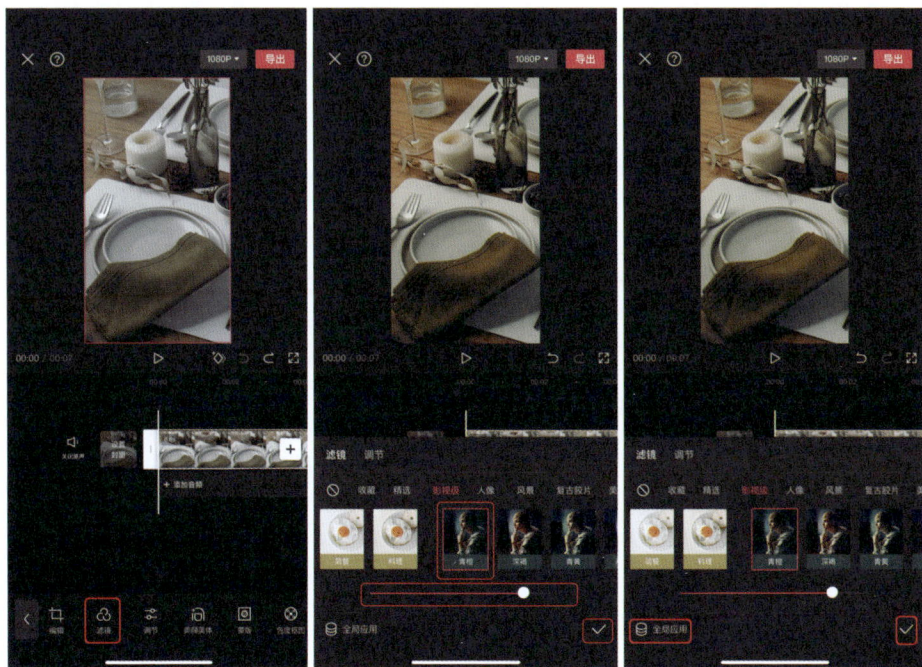

点击"滤镜"按钮　　　选择并调整滤镜效果　　　全局应用滤镜

点击"调节"按钮，进入调节工具栏。其中包含"亮度""对比度""饱和度""光感""锐化""高光""阴影""色温""色调""褪色""暗角""颗粒"等工具。根据视频需要进行调节，并搭配使用不同参数，即可得到预期的效果。

小贴士

"调节"按钮内的预设值可在无滤镜下调节，也可在增加滤镜后调节。

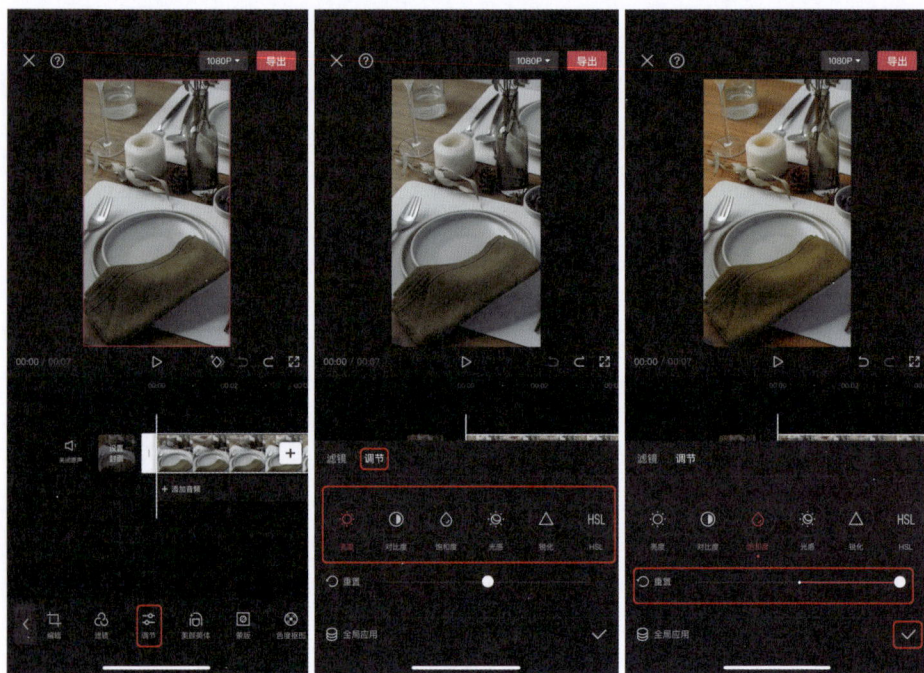

点击"调节"按钮　　　　　　　调节工具栏　　　　　　　调整饱和度

9.3.10 美颜美体

点击"美颜美体"按钮，进入美颜美体工具栏。其中包含"智能美颜""智能美体""手动美体"三大功能。点击"智能美颜"按钮，可以进行"磨皮""瘦脸""大眼""瘦鼻""美白"等操作，拖动滑块可选择美颜程度。

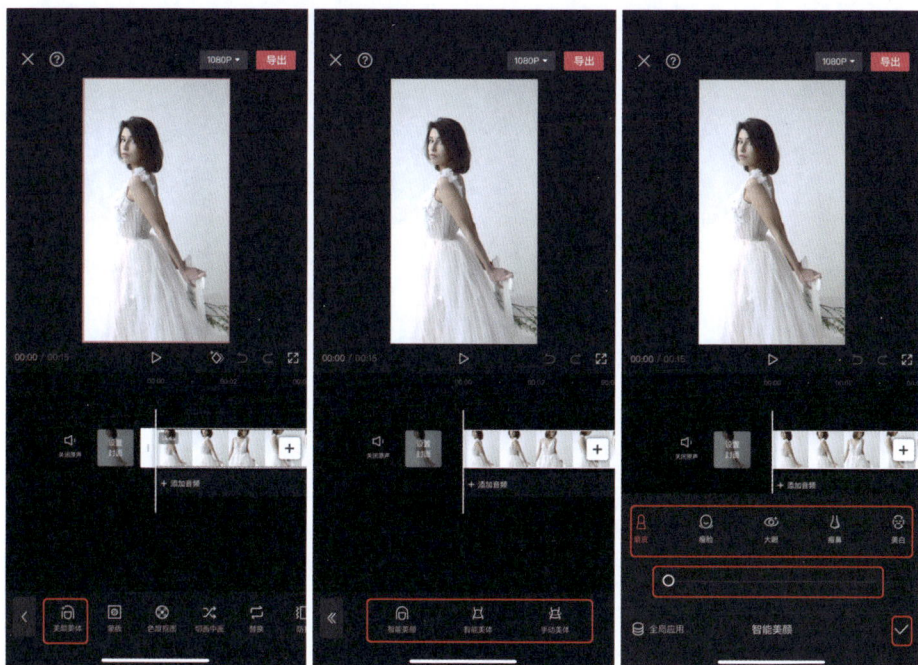

点击"美颜美体"按钮　　　　　美颜美体工具栏　　　　　调整磨皮程度

9.3.11 利用蒙版工具制作头像片尾

点击"蒙版"按钮，可以给选中的视频素材添加一个图形蒙版并调整蒙版的范围。例如，当我们想制作一个黑底的头像片尾时，可以选择"圆形"蒙版，然后调整蒙版的选择范围，使其达到想要的效果，再点击"√"按钮，即可完成头像片尾的制作。

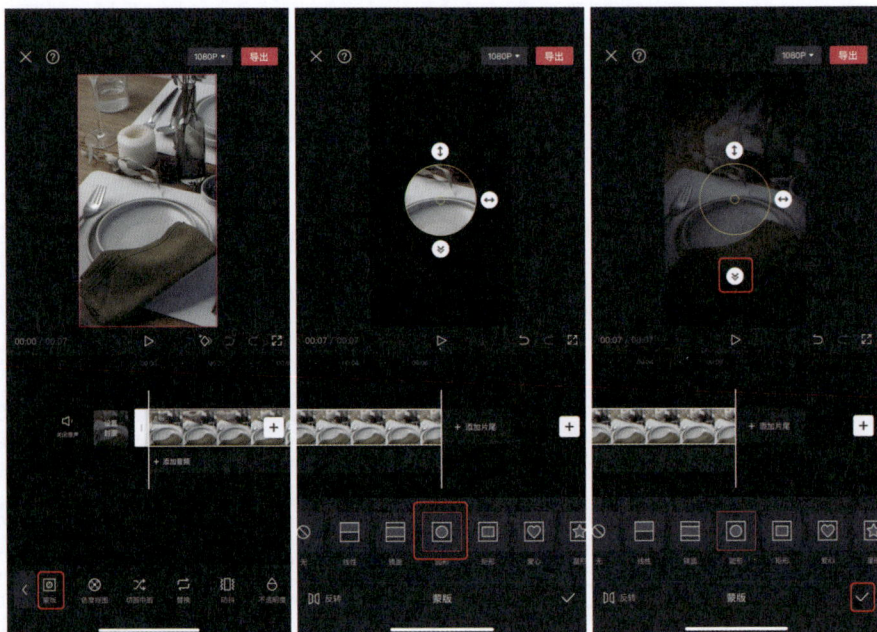

点击"蒙版"按钮

选择蒙版效果

应用蒙版

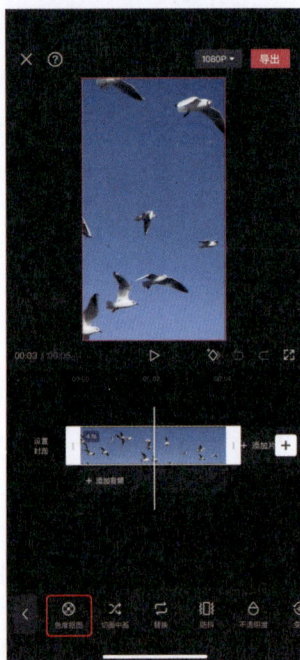

点击"色度抠图"按钮

9.3.12 色度抠图

点击"色度抠图"按钮，进入色度抠图界面。使用"色度抠图"功能可以对单一颜色的画面进行抠图处理。色度抠图界面里包含"取色器""强度""阴影"三个按钮。

例如这个视频里有海鸥和天空，天空是蓝色的，我们想要将其去除。点击"取色器"按钮，选择天空的位置，然后对"强度"和"阴影"数值进行调整，将天空的蓝色完全去除，完成后点击"√"按钮。

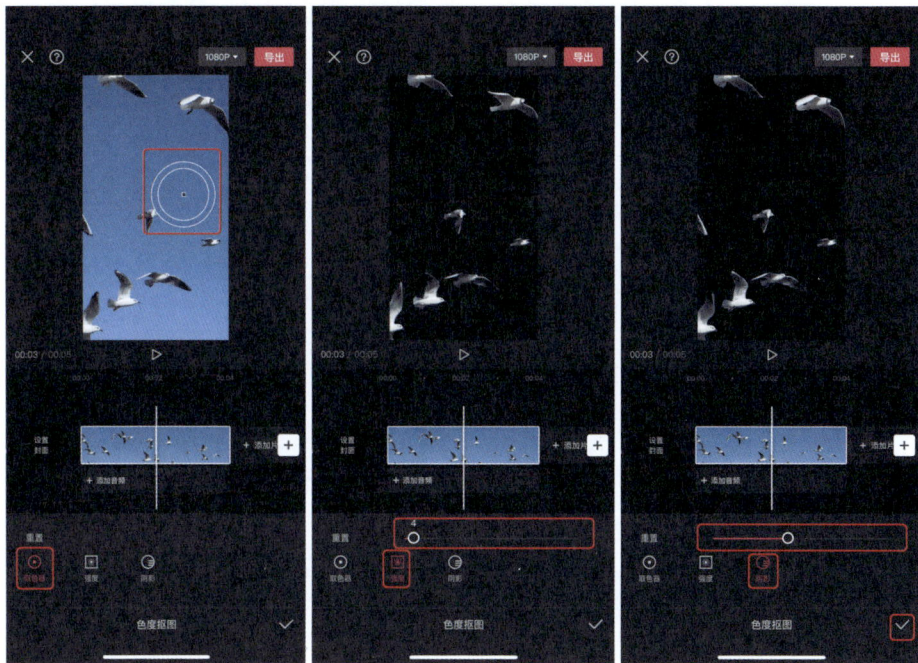

| 点击"取色器"按钮 | 调整强度数值 | 调整阴影数值 |

9.3.13　切换画中画

"画中画"指在一个画面中出现另一个画面。剪映 APP 中可通过"切画中画"功能实现，使用该功能可以让多个素材出现在同一个画面中，从而实现同步播放的分屏效果。例如游戏解说等视频。

启动剪映 APP，点击"开始创作"按钮，添加两段视频，选中其中一段作为画中画的视频，点击"切画中画"按钮，这样两段视频就会出现在不同轨道上。选中画中画轨道上的视频，双指放在素材预览区上缩放并移动画面，把它调整到想要的大小和位置，即可实现画中画的效果。

点击"开始创作"按钮，载入两段视频

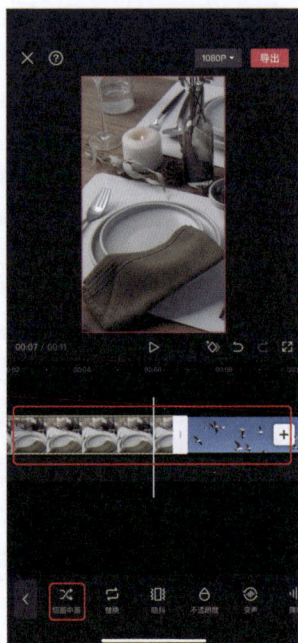

点击"切画中画"按钮

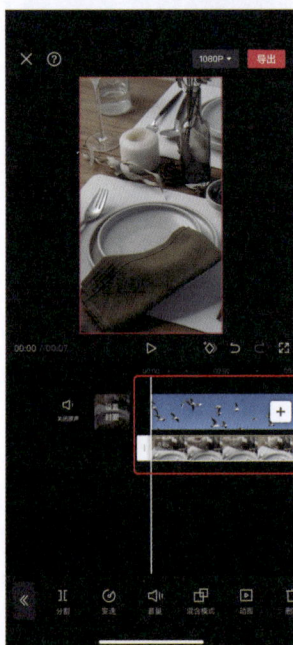

画中画轨道

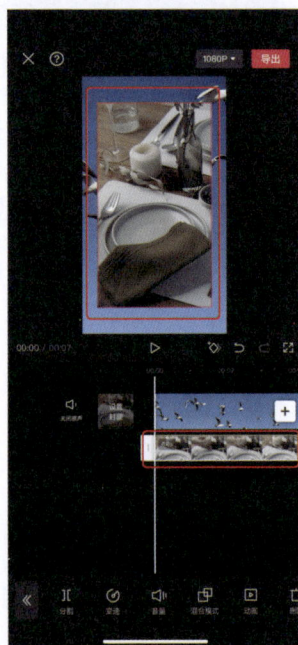

调整画中画效果

9.3.14　替换视频素材

选中剪辑轨道区中需要换出的视频，点击"替换"按钮，进入素材选择界面，选择一段需要换入的视频素材，点击"添加"按钮即可完成替换。

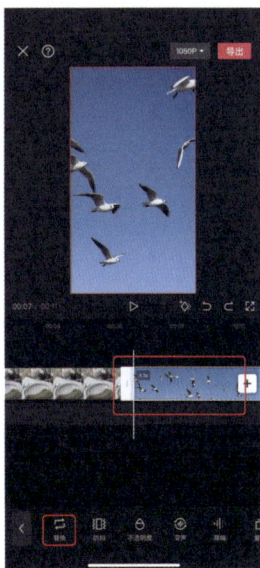

点击"替换"按钮　　　　　素材选择界面　　　　　完成素材替换

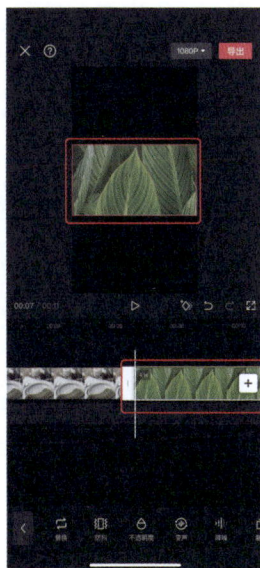

9.3.15　视频防抖

点击"防抖"按钮，对选中的视频进行防抖处理。选择一个合适的防抖级别，然后点击"√"按钮，即可对视频完成防抖的处理。

点击"防抖"按钮　　　　　调整防抖级别

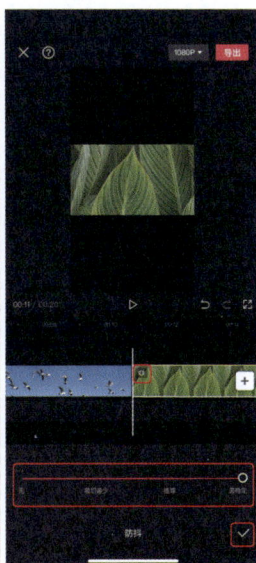

点击"复制"按钮　　　　　复制视频素材

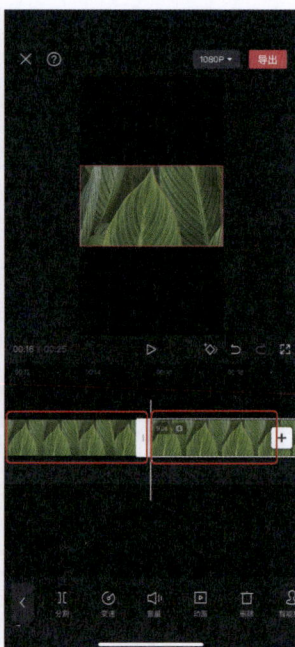

点击"倒放"按钮　　　　　将视频倒放

9.3.16　复制视频

点击"复制"按钮，可复制选中的视频素材。

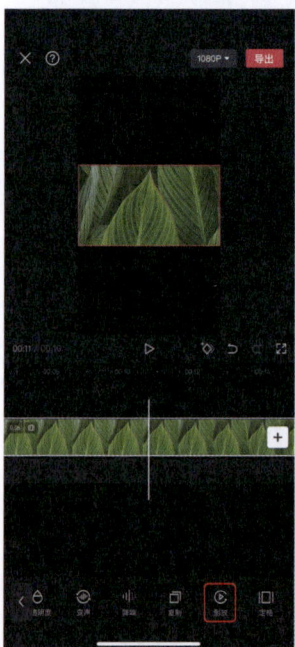

9.3.17　倒放视频

点击"倒放"按钮，可对选中的视频素材进行倒放处理。

9.3.18　利用定格功能制作卡点视频

利用"定格"工具可对选中的视频素材进行定格处理。定格的含义就是静帧，是指视频突然停止在某一个画面上，利用"定格"工具可以非常轻松地制作卡点视频。

将时间轴竖线定位至需要定格的时间点，点击"定格"按钮，视频素材就会被分割，时间轴竖线后面会多出一段定格画面素材，定格时长默认是 3 秒，我们可根据需求拖动白色图标调整定格画面时长。

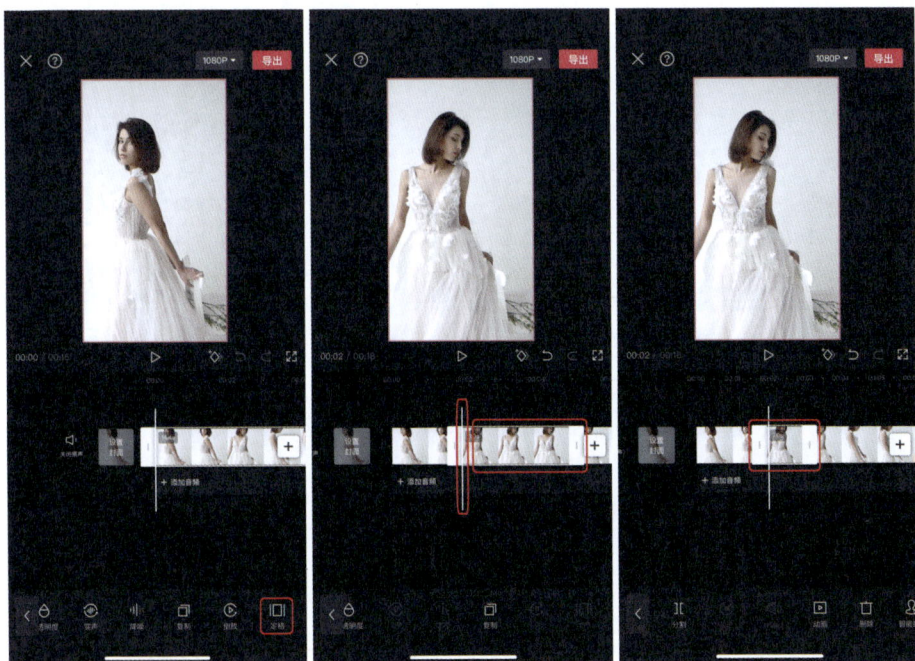

点击"定格"按钮　　　　　　增加 3 秒定格画面　　　　　　调整定格画面时长

点击"|"按钮，选择一个转场效果，再点击"√"按钮，即可为这段定格视频添加转场效果。

点击"|"按钮

选择转场效果

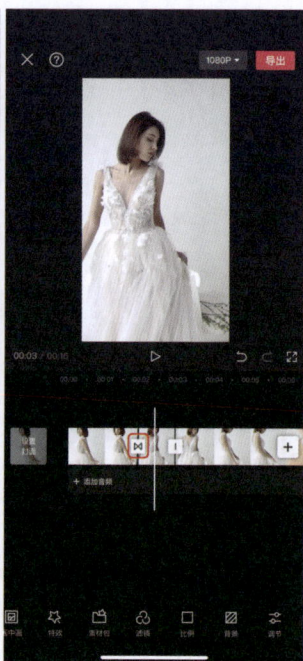

完成转场效果的添加

点击"全局应用"和"√"按钮 为所有视频添加同一转场效果

　　如需将多段视频素材的转场效果同步，可在选择转场效果后点击"全局应用"按钮，再点击"√"按钮，即可为全部视频素材添加同样的转场效果。此方法可用于制作卡点视频。

　　以上就是剪映APP常用的基础剪辑工具。学会了视频的基础剪辑工具之后，就可以继续学习其他的工具了，例如给视频添加音频、字幕、滤镜、特效等，让视频内容变得更加丰富有趣。

9.4　短视频音频编辑

本节讲解短视频的音频编辑知识，并对音频剪辑的常用方法进行讲解。一段完整的短视频是由画面和音频两部分组成的。短视频中的音频包括背景音乐、视频原声、声音特效和后期录制的旁白等。音频在短视频中的作用越来越强，能够强调和支撑整个视频的基调和风格。

9.4.1　静音

视频素材默认是有声音的，如果想去除视频原声，并添加背景音乐或音效去丰富视频带给观者的视听感受，可以将视频静音。

在剪映 APP 中实现视频静音的方法有以下三种。

删除音频素材（适用于音频素材）

在剪辑轨道区选中音频素材，然后点击底部工具栏中的"删除"按钮，将音频素材删除，可以达到视频静音的目的。

音量调整（适用于视频素材和音频素材）

在剪辑轨道区选中需要静音的视频素材或音频素材，然后点击底部工具栏中的"音频"｜"音量"按钮，将音量滑块拖至最左侧 0 处并点击"√"按钮，即可实现视频静音。

选中音频素材并点击"删除"按钮　　删除音频素材

点击"音频"按钮

点击"音量"按钮

将音量调整为 0，实现静音

点击"关闭／开启原声"按钮

关闭视频原声（适用于视频素材）

剪辑轨道区有"关闭／开启原声"按钮。点击"关闭原声"按钮，可以关闭剪辑轨道中所有视频素材的原声，从而实现视频静音。

9.4.2　调节音量

选中想要调整音量的素材，点击"剪辑"丨"音量"按钮，进入"音量"调整界面。根据数值提示左右拖动音量滑块即可改变选中的音频素材的音量，完成调节后点击"√"按钮，即可返回剪辑工具栏。

小贴士

"音量"功能和"关闭 / 开启原声"功能不同，"音量"功能仅支持对选中的一段视频素材的音量进行调整，而"关闭 / 开启原声"功能则是针对轨道中所有视频素材的音量进行调整。

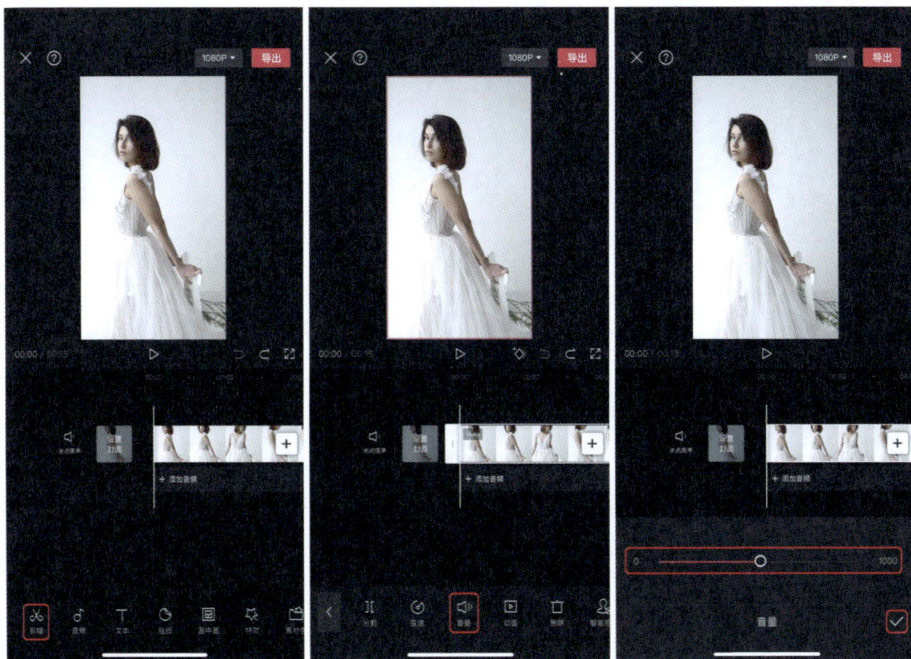

| 点击"剪辑"按钮 | 点击"音量"按钮 | 调整音量 |

9.4.3　视频降噪

在拍摄的过程中受环境因素的影响，拍出来的视频通常会出现杂音。视频原声中的噪声太大会影响视听感受。此时可以使用剪映 APP 的"降噪"功能，降低视频中的噪声，提升视频的质量。

选取需要进行降噪处理的视频素材，点击"剪辑"丨"降噪"按钮，开启"降噪开关"，等待降噪完成后，点击"√"按钮，即可完成降噪的处理。

203

点击"降噪"按钮   开启"降噪开关"

9.4.4 添加音乐

点击"音频"按钮   点击"音乐"按钮

在剪映 APP 中可添加软件自带音乐以外的音乐到视频中。添加音乐有以下几种方式：在乐库中选择音乐、添加抖音收藏的音乐、通过链接下载音乐、提取视频中的音乐以及导入本地音乐。

在乐库中选择音乐

剪映 APP 的音乐素材库中提供了不同类型的音乐素材。点击"音频"｜"音乐"按钮，进入"添加音乐"界面。

音乐素材库包含"抖音""卡点""纯音乐""VLOG""旅行""毕业季"等分类音乐题材，每个题材下有对应类型的音乐。用户可根据音乐类别挑选适合视频风格的背景音乐，也可以在搜索框里直接搜索音乐名称进行查找。在音乐素材库中，点击任意一首音乐，即可进行试听。点击"收藏"按钮，即可将音乐添加至音乐素材库的"我的收藏"中，方便下次使用。

点击"下载"按钮，即可下载音乐，下载完成后会自动进行播放，并且音乐素材右侧会出现"使用"按钮。点击"使用"按钮，即可将音乐添加至剪辑项目。

音乐素材库

点击"下载"按钮

点击"使用"按钮

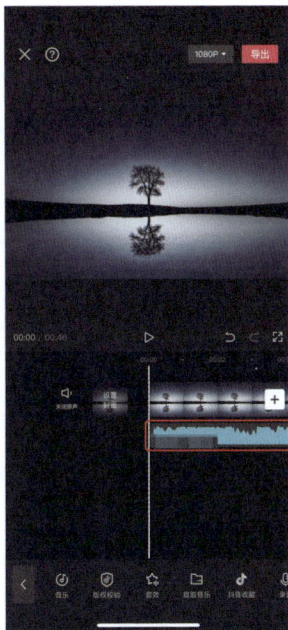

添加音乐后的界面

点击"我的"按钮

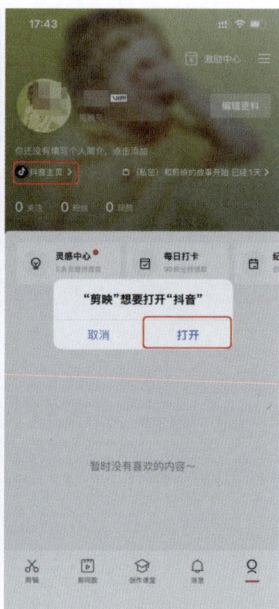

登录抖音账号

添加抖音收藏的音乐

剪映 APP 支持在剪辑项目中添加抖音收藏的音乐。在添加音乐之前需要将抖音账号和剪映账号关联，这样才能直接在剪映 APP 中获取抖音收藏的音乐。用抖音账号登录剪映 APP 的方法很简单，打开剪映 APP，点击"我的"按钮，然后在打开的登录界面中点击"抖音登录"按钮即可。

在剪映 APP 中添加抖音收藏的音乐的方法也非常简单。在未选中素材的状态下，点击底部工具栏中的"音频"按钮，然后在音频工具栏中点击"抖音收藏"按钮，进入音乐素材库中的"抖音收藏"界面，即可查看抖音中收藏的所有音乐。

点击"音频"按钮

点击"抖音收藏"按钮

"抖音收藏"界面

　　点击任意一个音乐素材右侧的"下载"按钮，即可下载音乐，下载完成后会自动进行播放，并且音乐素材右侧会出现"使用"按钮，点击"使用"按钮，即可将抖音收藏的音乐添加至剪辑项目。

| 点击"下载"按钮 | 点击"使用"按钮 | 添加音乐后的界面 |

通过链接下载音乐

　　通过链接下载音乐的方法非常简单，在剪映 APP 的音乐素材库中点击"导入音乐"按钮，然后点击"链接下载"按钮，在抖音或者其他平台复制视频 / 音乐链接，再粘贴到输入框中，即可点击下载音乐。

小贴士

　　在使用其他平台的音乐素材前，需要与该平台或音乐创作者签订使用协议，避免发生音乐版权的侵权行为。

点击"导入音乐"按钮

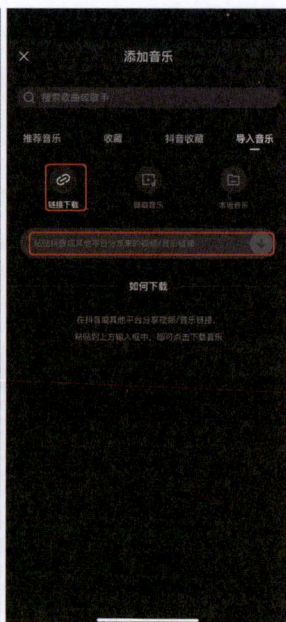

下载其他平台的音乐

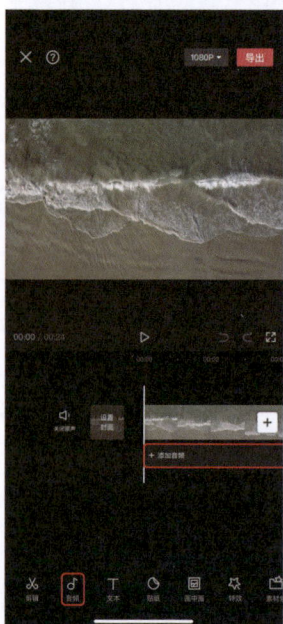

点击"音频"按钮

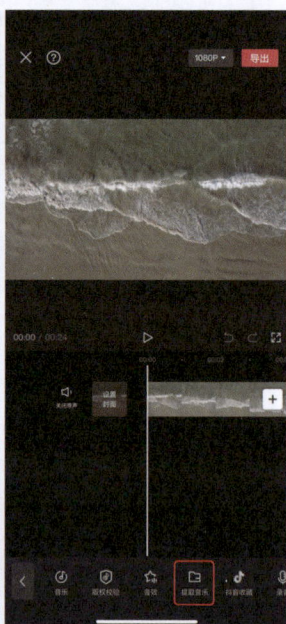

点击"提取音乐"按钮

提取视频中的音乐

剪映 APP 支持对带有音乐的视频进行音乐的提取，并将提取出来的音乐单独应用到剪辑项目。提取音乐的方法有两种。

方法一

在未选中素材的状态下，点击"添加音频"或"音频"按钮，然后在打开的音频工具栏中点击"提取音乐"按钮，进入音乐素材选择界面。

选择一段带有音乐的视频素材，点击"仅导入视频的声音"按钮，即可将提取出来的音乐单独添加至剪辑项目。

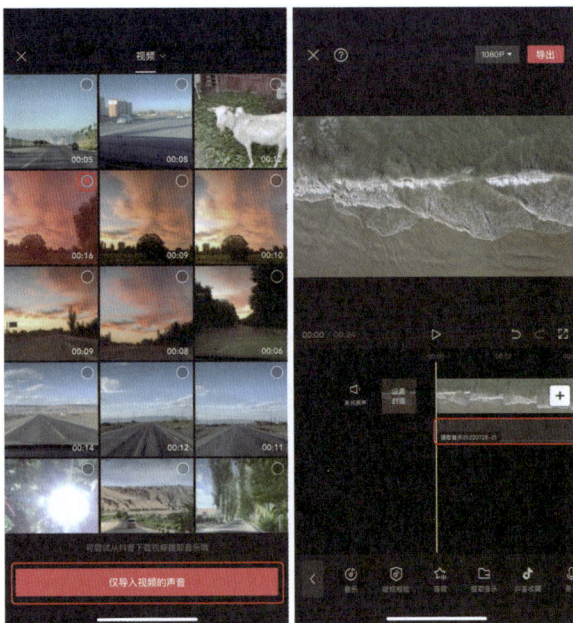

音乐素材选择界面　　　　导入音频后的界面

方法二

在剪映 APP 的音乐素材库中点击"导入音乐"按钮，然后点击"提取音乐"按钮，接着点击"去提取视频中的音乐"按钮。

然后在打开的素材选择界面中选择一段带有音乐的视频，点击"仅导入视频的声音"按钮，视频中的背景音乐将被提取到音乐素材库。

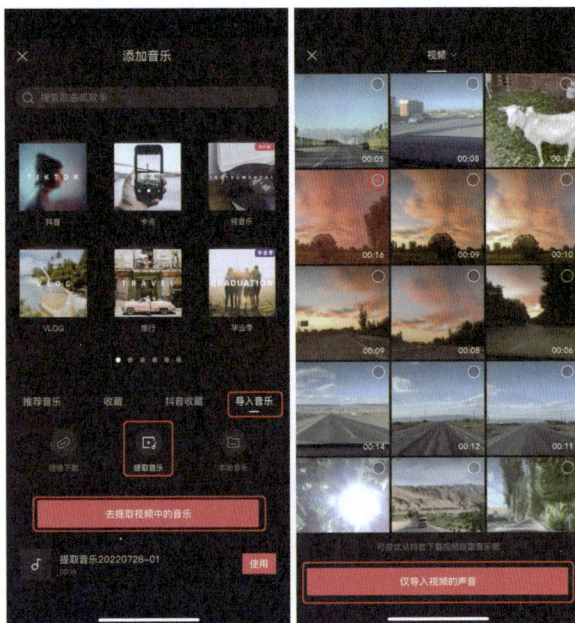

提取音乐界面　　　　选择要提取背景音乐的视频

209

使用音乐

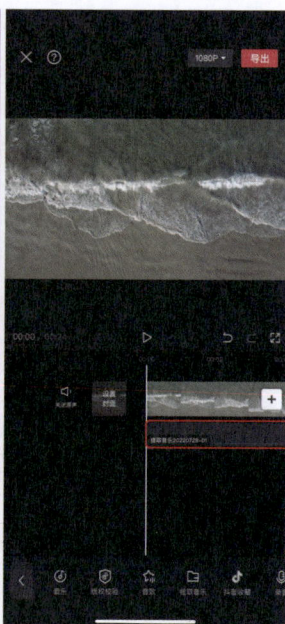

添加音乐后的界面

点击音乐素材右侧的"使用"按钮，即可将提取出来的音乐单独添加至剪辑项目。

如果想要将导入音乐素材库中的音乐素材删除，可以长按音乐素材（或向左滑动音乐素材），点击唤出的"删除"按钮，然后在打开的对话框中点击"删除"按钮即可。

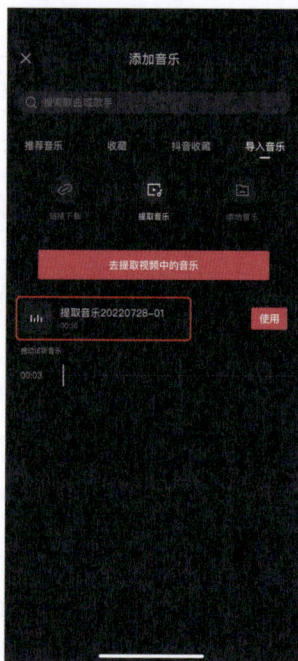

长按音乐素材

点击"删除"按钮

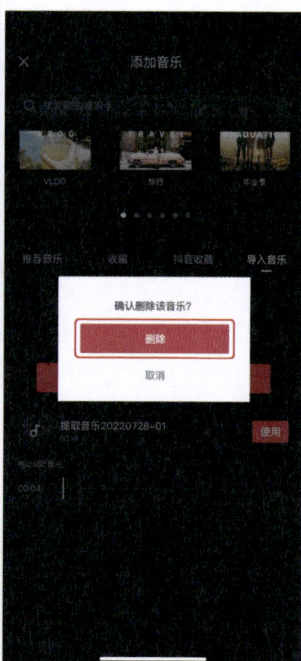

确认删除音乐素材

导入本地音乐

如果你的手机中有保存好的音乐，可以直接在音乐素材库中进行选择和使用。在剪映 APP 的音乐素材库中点击"导入音乐"按钮，然后点击"本地音乐"按钮，即可对手机中下载的音乐进行调取使用。

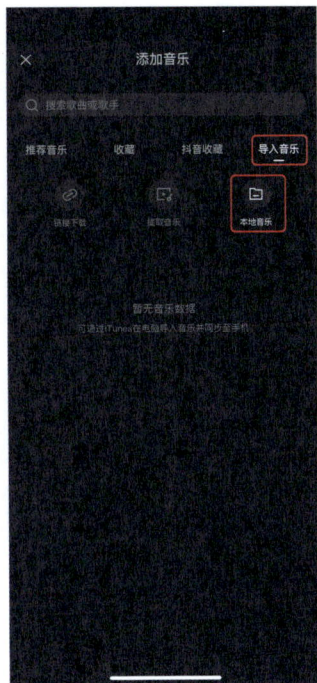

导入音乐界面

9.4.5　音频的处理

剪映 APP 提供了较为完备的音频处理功能，除了添加音频以外，还支持在剪辑项目中对音频素材进行音量调整、淡化、复制、分割、删除和降噪等处理。

添加音效

我们在看一些搞笑题材短视频时，经常能听到一些滑稽的音效，获得一种轻松愉悦的观感。添加音效也是为短视频增加趣味的方法之一。

添加音效的方法和添加音乐的方法类似。首先，将剪辑轨道区的时间轴竖线定位至需要添加音效的时间点，在未选中素材的状态下，点击"添加音频"按钮或点击底部工具栏中的"音频"按钮，然后点击"音效"按钮，即可打开音效选择界面，可以看到"收藏""热门""笑声""综艺""机械""BGM"等不同类别的音效。

点击"添加音频"或"音频"按钮　　　点击"音效"按钮　　　　　音效选择界面

　　点击任意一个音效素材右侧的"下载"按钮，即可下载音效。完成下载后会自动播放该音效，并在该音效素材右侧出现一个"使用"按钮。点击"使用"按钮，即可将该音效添加至剪辑项目。

点击"下载"按钮　　　　　点击"使用"按钮　　　　添加音效后的界面

音频的淡化处理

为音频添加淡化效果的方法非常简单。在剪辑轨道区中选中音频素材，然后点击底部工具栏中的"淡化"按钮，即可设置音频的淡入时长和淡出时长，设置完成后点击"√"按钮。为音频素材的开头和结尾添加淡化效果，可以有效降低音乐进出场时的不和谐感。

点击"淡化"按钮　　　　调整淡化时长

复制音频

如果需要重复利用某段音频素材，可以选中该音频素材进行复制操作。

复制音频时，先在剪辑轨道区选中需要复制的音频素材，然后点击"复制"按钮，即可得到一段同样的音频，复制的音频会自动显示在原音频的后方。

注意：如果原音频素材的后方位置被占用，则复制的音频会自动分到新的轨道，但始终在原音频的后方。

点击"复制"按钮　　　　原音频后方出现一段同样的音频

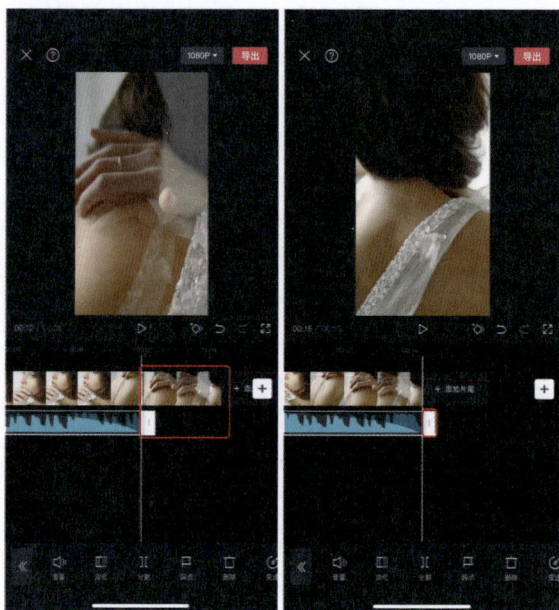

音频时长短于视频时长   调整音频时长

可以根据实际需求调整音频素材的时长。例如，复制的音频长度短于视频长度时，可以选中复制的音频素材，向右拖动音频素材最右端的白色图标，使之与视频素材的最右端对齐。

分割音频

对音频素材进行分割处理，可以实现对素材的重组和删除等操作。首先选中要分割的音频，然后将时间轴竖线定位在需要分割的时间点，再点击"分割"按钮，即可完成音频分割。

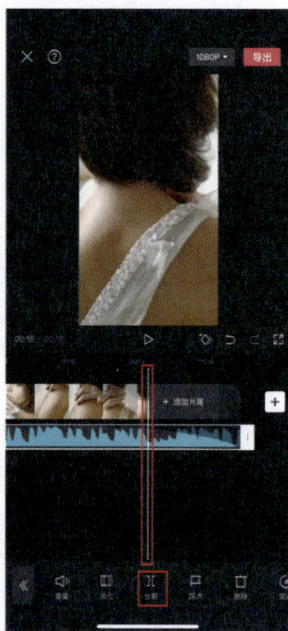

选中要分割的音频   定位时间轴竖线，点击"分割"按钮   完成音频分割

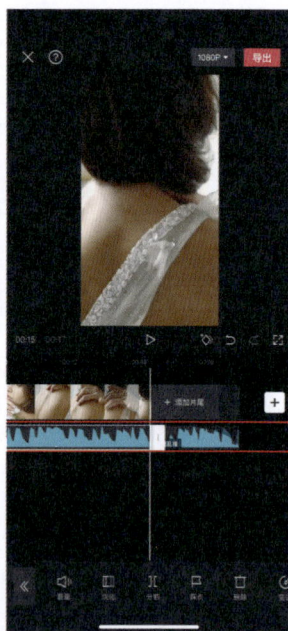

删除音频

点击"删除"按钮，可将选中的音频删除。当音频长度长于对应视频素材时，可以切割多余的音频并删除，以保持视频和音频的时长相同。

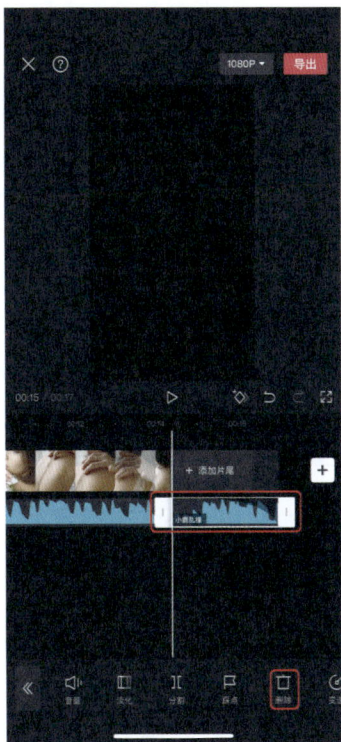

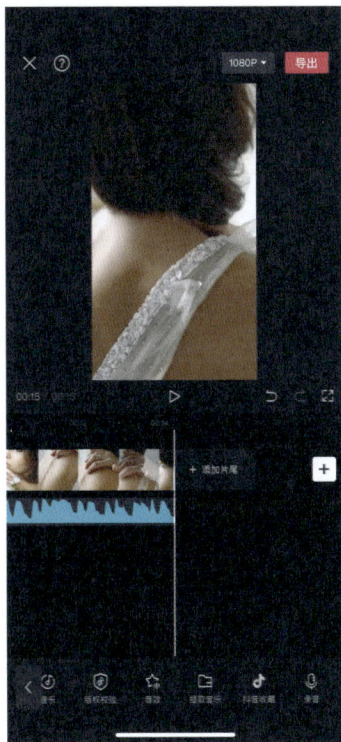

<table>
<tr><td>切割多余音频并删除</td><td>保持视频时长和音频时长一致</td></tr>
</table>

9.4.6　声音的录制和编辑

声音录制

剪映 APP 的录音功能可以实现声音的录制和编辑工作。录制声音时要尽量选择安静且没有回音的环境，在小房间内录制效果较好。

开始录音前，先将时间轴竖线定位至音频开始处，点击"音频"按钮，再点击"录音"按钮，这时会看到一个红色的"录制"按钮。

点击"音频"按钮

点击"录音"按钮

录制界面

按住"录制"按钮，同时录入旁白，此时剪辑轨道区将会生成音频素材。完成录制后释放"录制"按钮，即可停止录音。点击右下角的"√"按钮，即可完成声音的录制。

按住"录制"按钮录入旁白

释放"录制"按钮，单击"√"按钮，完成录音

变声效果的制作

在不想使用自己原本的声音作为旁白声音时，可以使用"变声"功能，改变声音的音色。

完成旁白的录制后，选中音频素材，点击"音频"｜"变声"按钮，进入变声选择界面，其中有"萝莉""大叔""女生""男生"等声音选项，可自行选择声音效果。例如这里选择"萝莉"声音选项，点击"√"按钮，即可完成变声的处理。

点击"变声"按钮　　　　　　　　　变声选择界面

音频变速效果的制作

选中音频素材，点击"变速"按钮，进入变速选择界面。左右滑动滑块设置变速数值，速度可设置为 0.1 倍～ 100 倍。在短视频应用中音频变速可以起到搞怪有趣的效果。

在进行音频变速操作时，如果想对旁白声音进行变调的处理，点击界面左下角的"声音变调"按钮，音调将会发生改变。完成后点击"√"按钮。

点击"变速"按钮　　　　　　　变速选择界面　　　　　　　声音变调处理

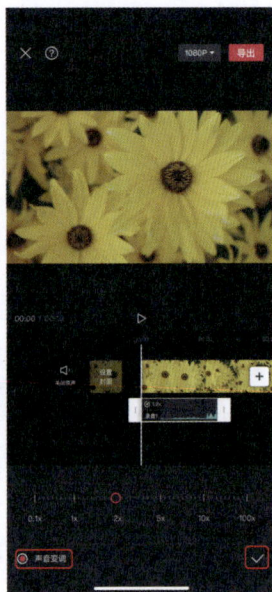

9.4.7　制作音乐卡点视频

各大短视频平台的卡点视频都很火爆，卡点的目的就是使视频画面与音乐鼓点相匹配，让整体节奏更流畅，让视频更动感。卡点视频一般分为两大类，分别是图片卡点和视频卡点。下面我们分别介绍两种音乐卡点方法。

音乐手动踩点

下面以制作图片卡点为例，演示音乐手动踩点的操作方法。

首先将多张图片导入剪辑项目，然后点击"音频"按钮，进入音频工具栏，再点击"音乐"按钮，进入音乐素材库。

点击"音频"按钮　　　　　　点击"音乐"按钮

　　在音乐素材库"卡点"分类中选择一首音乐，点击音乐素材右侧的"使用"按钮，将其添加至剪辑项目。

选择"卡点"分类　　　　　　　选择并使用音乐　　　　　　添加音乐后的界面

　　添加背景音乐后，根据背景音乐的节奏进行手动踩点。选中音乐素材后点击"踩点"按钮，进入音乐踩点界面。

点击"踩点"按钮　　　　　　音乐踩点界面

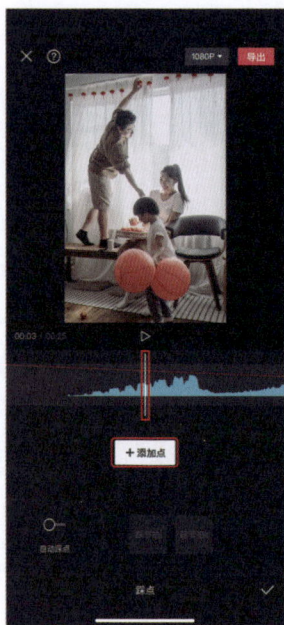

点击"添加点"按钮

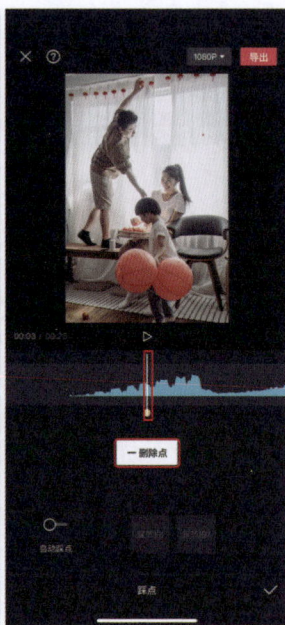

点击"删除点"按钮

在打开的音乐踩点界面中，将时间轴竖线定位至需要标记的时间位置，点击"添加点"按钮，此时时间轴竖线所处的位置会添加一个黄色的标记点。如果需要删除标记点，点击"删除点"按钮即可删除。

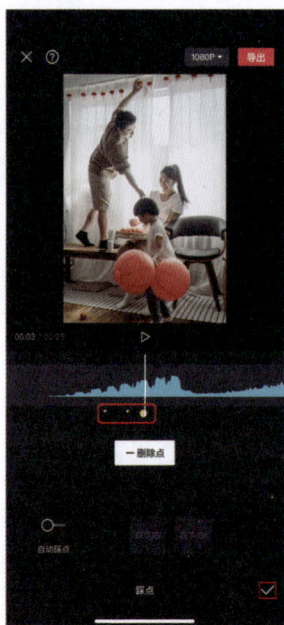

添加标记点

完成音乐踩点的界面

用上述方式添加多个标记点，对所有踩点处进行标记，完成后点击"√"按钮。此时在剪辑轨道区可以看到刚刚添加的标记点。

根据标记点所在的位置，可以对图片素材的显示时长进行调整，使图片的切换时间点与音乐的节奏点匹配，完成卡点视频的制作。

最后点击界面右上角的"导出"按钮，将视频导出。

调整图片素材显示时长，
制作卡点效果

完成并导出视频

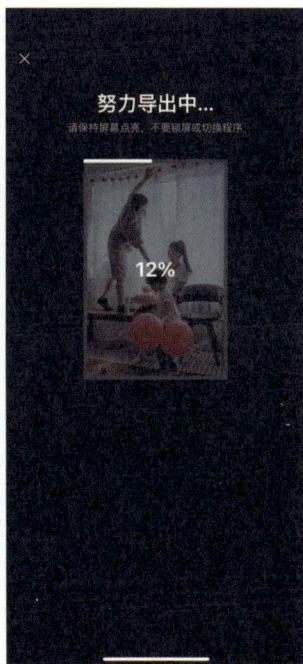

视频导出界面

音乐自动踩点

剪映 APP 提供音乐自动踩点功能，使用该功能即可在音乐上一键自动标记节奏点。自动踩点功能更加方便、高效和准确，建议使用自动踩点功能。

首先将视频素材导入剪辑项目，此时时间轴竖线在视频的起始位置，点击"音频"按钮，打开音频工具栏，然后点击"音乐"按钮，进入音乐素材库。

点击"音频"按钮

点击"音乐"按钮

221

在"卡点"分类中选择一首音乐，点击音乐素材右侧的"使用"按钮，将其添加至剪辑项目。

选择"卡点"分类

选择并使用卡点音乐

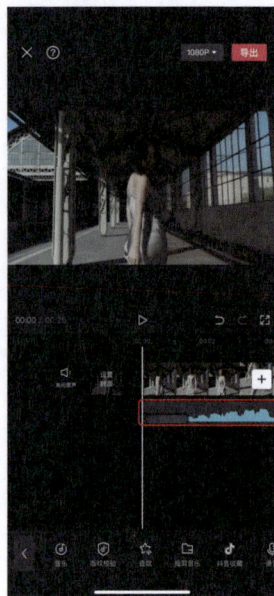

添加音乐后的界面

分割音乐

删除多余音乐

在剪辑轨道区选中音乐素材，将时间轴竖线定位至视频的结尾处，然后点击底部工具栏中的"分割"按钮，选中多余的音乐部分，点击"删除"按钮，将多余音乐删除。

选中裁剪好的音频，点击"淡化"按钮，进入淡化界面，调整淡入淡出时长，让音乐的开头和结尾处的播放更自然，完成后点击"√"按钮。

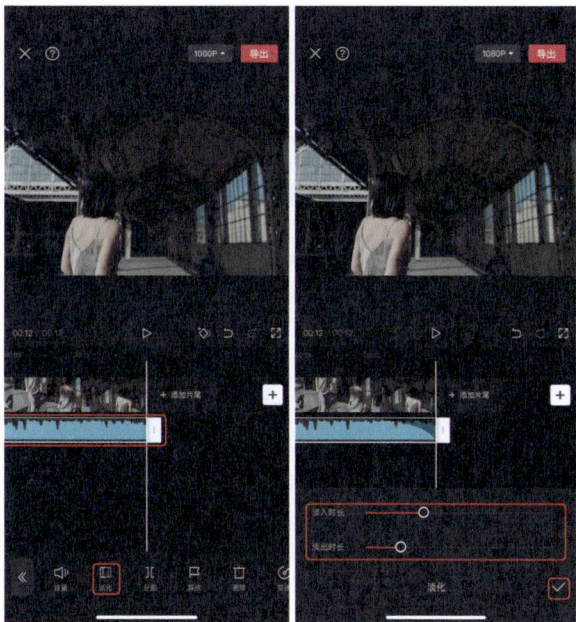

点击"淡化"按钮　　　　调整淡化时长

在剪辑轨道区选中音频，点击"踩点"按钮，进入踩点界面，开启"自动踩点"功能，然后根据个人喜好选择"踩节拍Ⅰ"或"踩节拍Ⅱ"模式。

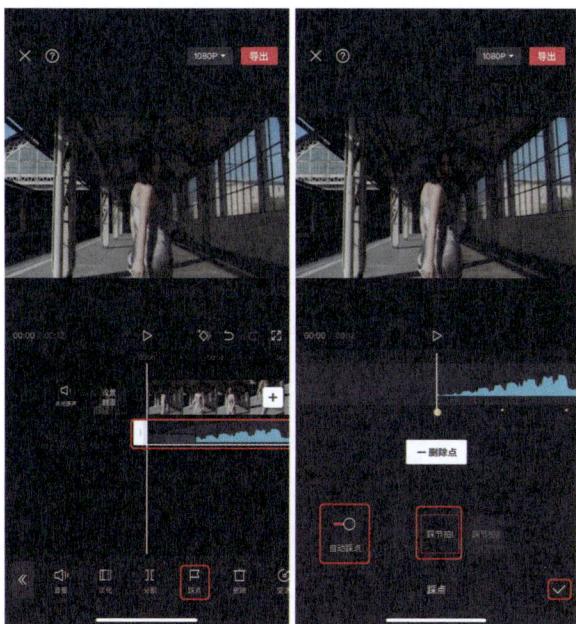

点击"踩点"按钮　　　　开启"自动踩点"功能
并设置踩点模式

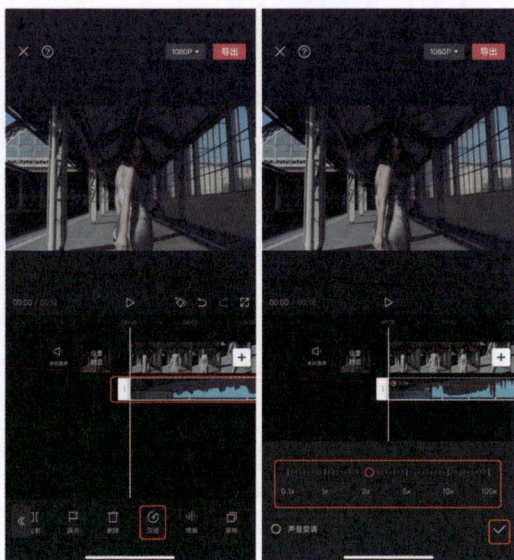

此时音乐下方会自动生成音乐节奏点标记，接下来要根据音乐的节奏点调整视频素材的时长，使视频播放与音乐的节奏点同步。

在剪辑轨道区选中音频，点击"变速"按钮，调整播放的速度，直到视频素材末尾处与节奏点重合。

视频素材与音乐节奏点同步后，还可添加转场效果，让视频素材之间的过渡更加自然。

在剪辑轨道区中，每两段视频素材之间都有一个"|"按钮。

| 点击"变速"按钮 | 调整播放速度 |

点击"|"按钮，即可进入转场选项栏，选择一个想要的转场效果，然后调整转场时长，接着点击"全局应用"按钮，将转场效果应用到全部视频上，完成后点击"√"按钮。

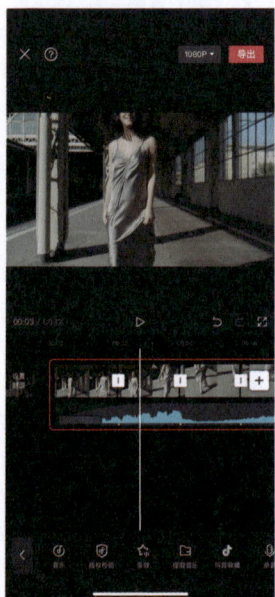
剪辑轨道区

点击"|"按钮

设置转场效果

最后点击剪辑界面右上角的"导出"按钮，将视频导出。

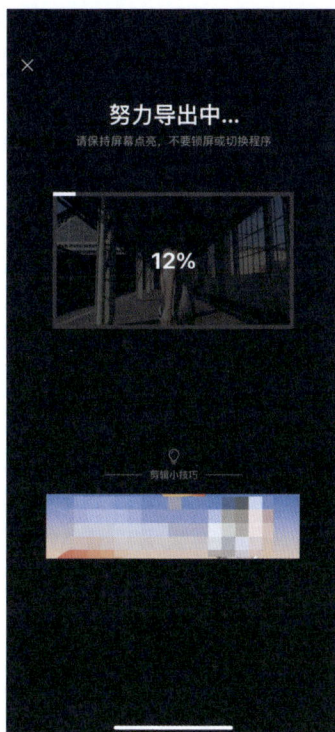

导出视频　　　　　　　　　视频导出界面

9.5　剪映热门功能

9.5.1　添加文字等元素

打开剪映 APP，点击"开始创作"按钮，选择一个带音乐的视频，点击"添加"按钮，将视频导入剪辑项目。

点击"开始创作"按钮

素材选择界面

点击"文本"按钮

文本工具栏

在未选中视频的状态下点击"文本"按钮，进入文本工具栏，其中有"新建文本""文字模板""识别字幕""识别歌词""添加贴纸""涂鸦笔"等工具。

点击"新建文本"按钮后出现一个文本框，可以在文本框里面输入想要预设的文字，如有需要可选择添加喜欢的花字、动画等。

点击"新建文本"按钮

新建文本界面

例如，在文本框中输入"你好，夏天"，然后选择一个喜欢的花字效果，完成后点击"√"按钮。

输入文字

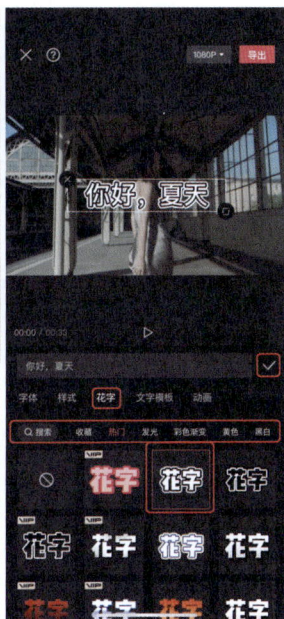

设置花字效果

227

可以根据视频需要选择使用文字模板和动画。

长按添加的文字可以移动它的位置。我们可以看到文字的白色边框的四个角处各有一个图标，点击左上角的"删除"图标可以删除这段文字，点击左下角的"复制"图标可以复制这段文字，点击右上角的"编辑"图标可以再次编辑这段文字，点击右下角的"缩放"图标可以放大、缩小和旋转这段文字。

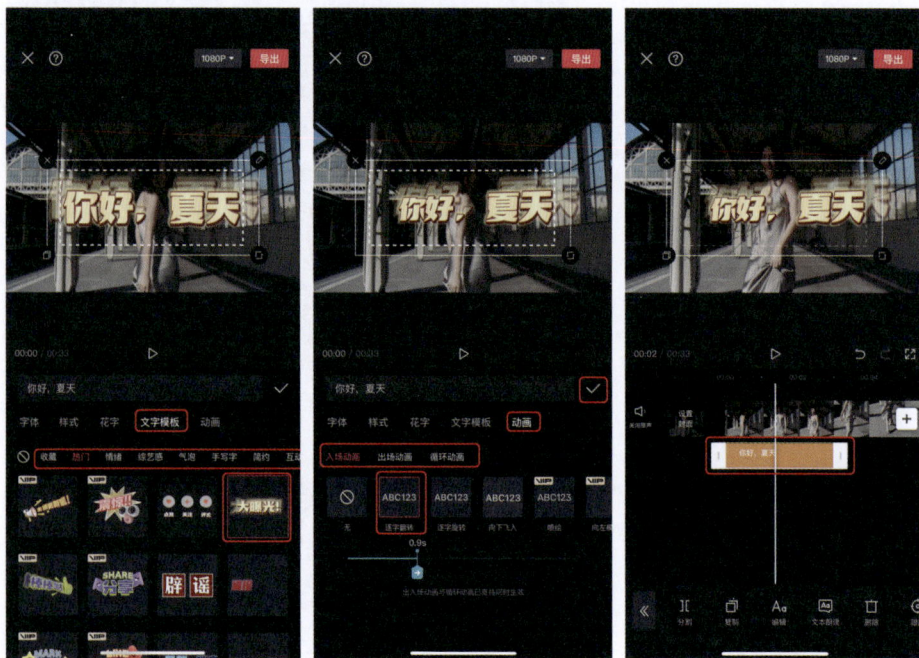

| 选择文字模板 | 设置文本动画效果 | 文本编辑界面 |

点击"文本朗读"按钮，页面就会出现音色选择，其中包括"特色方言""趣味歌唱""萌趣动漫"等音色，每个音色下面还有细分的类型，选择其中一个，就可以进行文本朗读设置。

点击"文本朗读"按钮　　　　　　　　　选择朗读音色

　　点击"<<"按钮，返回上一级工具栏，点击"文字模板"按钮，其中有很多模板可供选择。

点击"<<"按钮，返回上一级工具栏　　　点击"文字模板"按钮　　　　模板选择界面

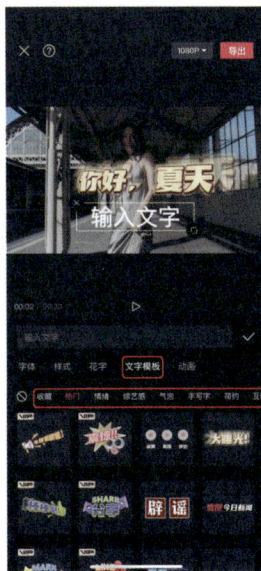

替换模板文字

完成文字替换

模板中的文字是可以替换的，输入想要的文字后点击"√"按钮即可完成替换。

选取一个有歌词的视频，点击"识别歌词"按钮，再点击"开始识别"按钮，剪映APP会把歌词智能识别出来，无须手动去添加。

点击"识别歌词"按钮

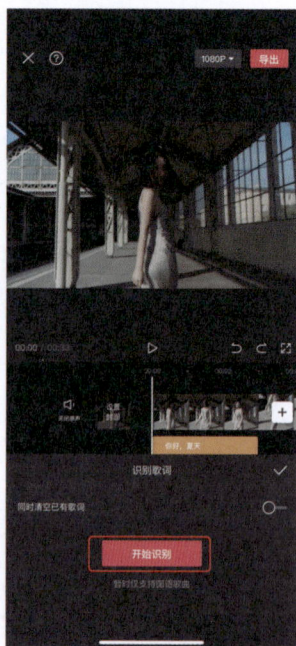

点击"开始识别"按钮

识别成功后的界面

　　点击歌词，歌词四周会出现一个白色边框，我们可以在此调节歌词的大小、颜色等，非常方便。例如，点击边框右下角的"缩放"图标可以放大、缩小和旋转歌词，点击边框右上角的"编辑"图标可以再次编辑歌词的样式、花字、文字模板和动画。

　　点击"添加贴纸"按钮，可添加想要的贴纸到视频当中，长按贴纸可将贴纸移动到合适的位置。

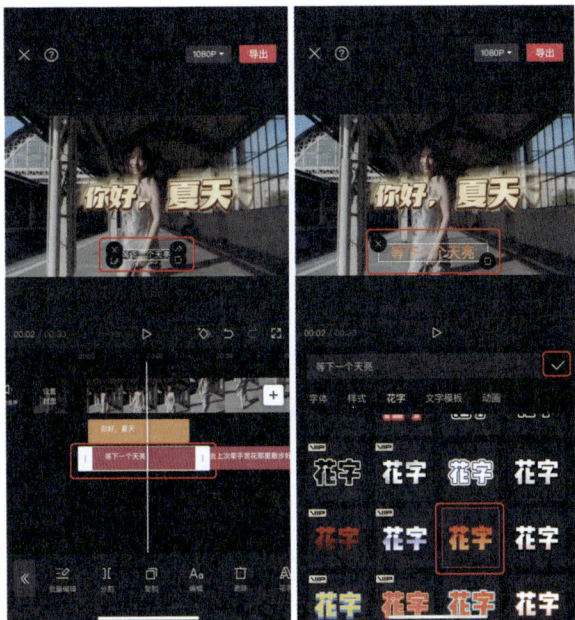

字幕编辑界面

给字幕添加花字效果

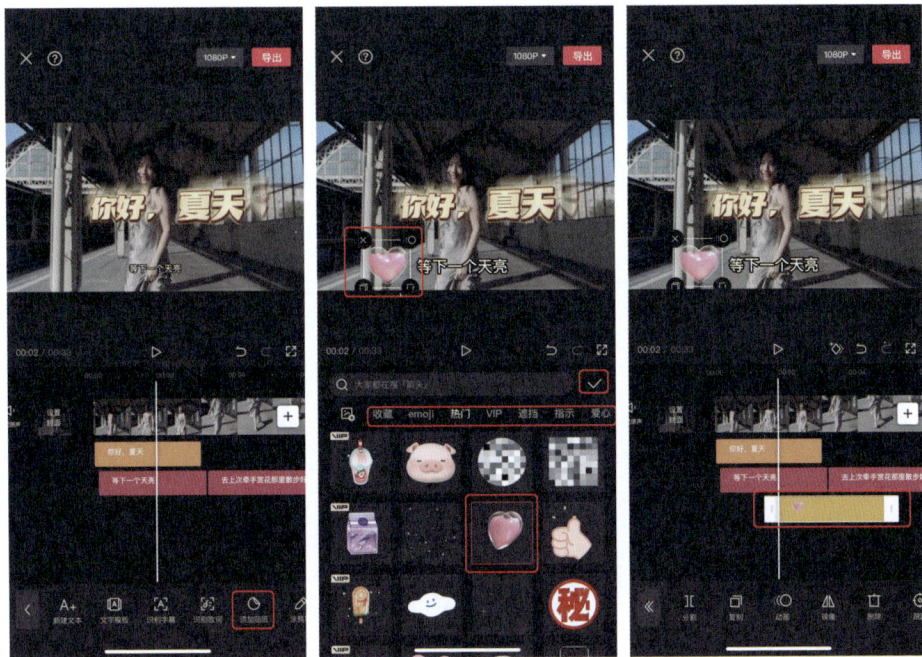

点击"添加贴纸"按钮

贴纸选择界面

添加贴纸后的界面

识别字幕需返回剪映 APP 主界面，点击"开始创作"按钮，重新导入一份作品，可以选择一张照片或一段没有音频的视频。下面我们以导入一张照片为例进行讲解。

点击"开始创作"按钮　　　　　　素材选择界面　　　　　　　剪辑界面

点击"音频"按钮，然后点击"录音"按钮，再长按"录制"按钮，随便录一段话。

点击"音频"按钮　　　　　　　点击"录音"按钮　　　　　　　录制音频

导入的静态照片的播放时长有 3 秒，完成录音之后，调整静态照片的播放时长，以和音频时长保持一致。

保持照片的播放时长和
音频时长一致

然后点击"<"按钮，返回上一级工具栏，再依次点击"文本"按钮、"识别字幕"按钮。

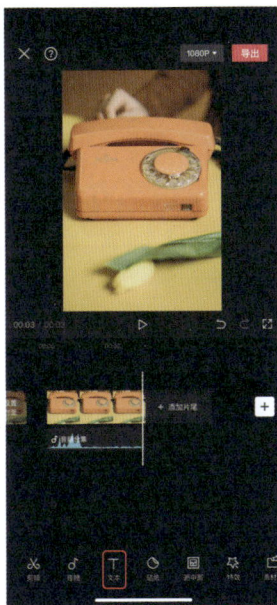

点击"<"按钮，返回上一级工具栏　　　　点击"文本"按钮　　　　点击"识别字幕"按钮

最后点击"开始识别"按钮，录音的内容就会被自动识别为字幕。

点击"开始识别"按钮   完成字幕识别

字幕识别功能是一个非常实用的功能，在制作课程视频或一些需要字幕辅助的视频时，可以使用字幕识别功能进行自动识别。在遇到带有地方口音的时候，字幕识别就会不太精准，需要对识别不准确的地方手动修改，但整体节奏和顺序都是一致的，比传统的字幕剪辑简单省时。

9.5.2 添加贴纸

打开剪映 APP，点击"开始创作"按钮，选择一张图片并导入。

点击"贴纸" | "添加贴纸"按钮，可以看到"emoji""热门""遮挡""指示""爱心"等分类可供选择，也可在搜索框中输入文字查找相关的贴纸。这里选择一个自己喜欢的符合短视频风格的贴纸样式，完成后点击"√"按钮。

点击"开始创作"按钮

素材选择界面

剪辑界面

点击"贴纸"按钮

点击"添加贴纸"按钮

贴纸选择界面

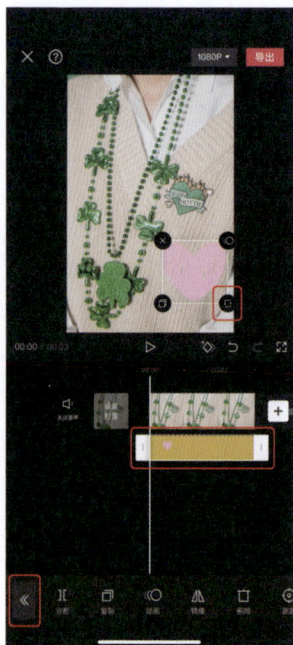

调整贴纸大小，然后把它的播放时长调整到合适的时长。完成后点击左下角的"<<"按钮，返回上一级工具栏。

调整贴纸大小和播放时长

给视频添加一段背景音乐。先点击"音频"按钮，再点击"音效"按钮，在音效选择界面里面选择合适的音效并使用。

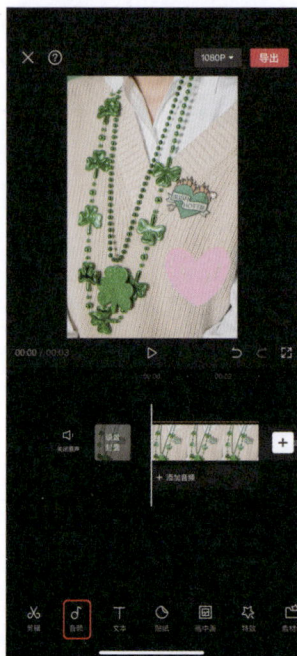

点击"音频"按钮

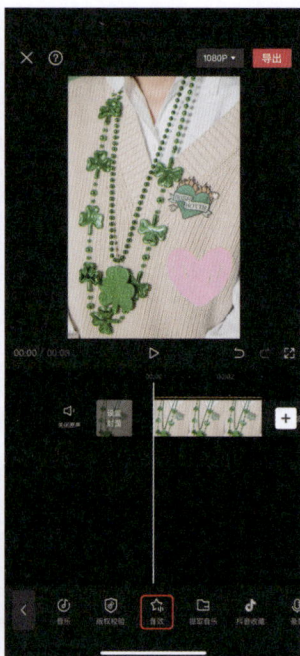

点击"音效"按钮

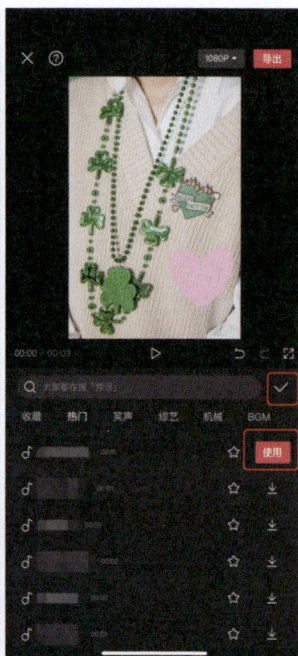

音效选择界面

这样一个带有贴纸和背景音乐的视频就制作完成了。最后点击右上角的"导出"按钮，将视频导出。

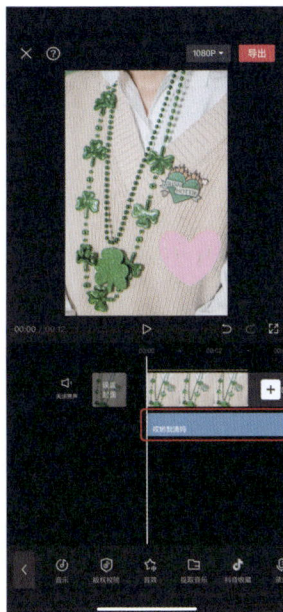

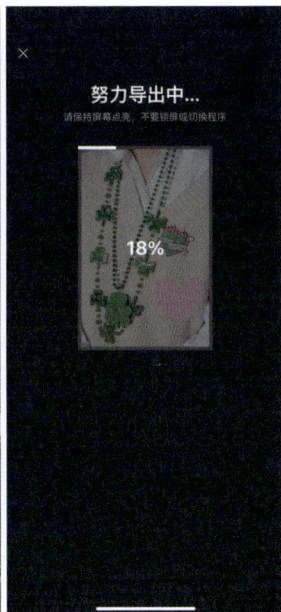

| 导出视频 | 视频导出界面 |

9.5.3　制作画中画效果

认识画中画

本小节介绍如何制作画中画效果。画中画（Picture in Picture）是一种常见的视频编辑技术，它可以在视频中嵌入另一个视频画面。这种技术常用于教育、演示、电影等领域。需要注意的是，视频中始终嵌入的文字内容，实际上也是一种画中画的表现形式。

| 在抖音搜索"电影" | 电影题材类短视频的画中画效果 |

237

点击"开始创作"按钮

素材选择界面

点击"关闭原声"按钮

关闭原声后的界面

制作画中画效果

画中画模板可以应用到非常多的视频剪辑里面，下面介绍如何使用剪映制作画中画效果。大家在剪辑类似好书推荐或者电影解说的视频时，如果需要这种字幕和标题相匹配的效果，都可以用到画中画模板。

首先打开剪映 APP，导入一段素材。点击"开始创作"按钮，选择视频素材，然后点击"添加"按钮。

如果这个视频本身是带有声音的，可以先把原声关闭。点击"关闭原声"按钮，即可关闭视频原声。

接下来就是给视频添加壁纸。点击"画中画"按钮，然后点击"新增画中画"按钮，接着在手机相册中选择壁纸。

点击"画中画"按钮　　　点击"新增画中画"按钮　　　画中画素材选择界面

接下来要把壁纸素材的时长拉到跟视频时长一样，这样壁纸才能覆盖整个视频。

双指同时按住壁纸可将壁纸进行旋转。长按壁纸并向上移动到视频的顶部。接下来再用同样的方法在视频底部添加一张同样颜色的壁纸。

添加壁纸的界面　　　　　调整壁纸时长

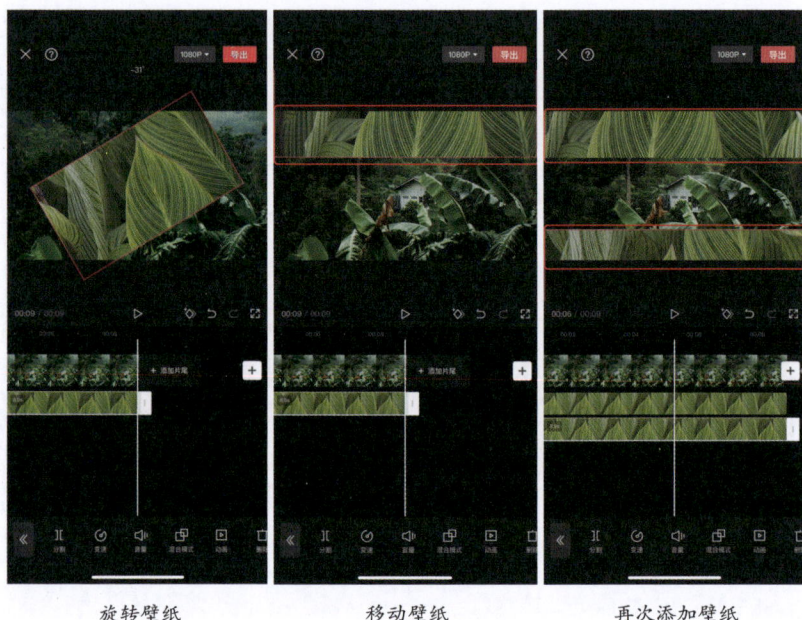

旋转壁纸　　　　　　　　移动壁纸　　　　　　　再次添加壁纸

　　假设两个壁纸图层已经做完了，接下来就是往图层里面添加文字。点击左下角的"<<"按钮，再点击左下角的"<"按钮，回到一级工具栏。

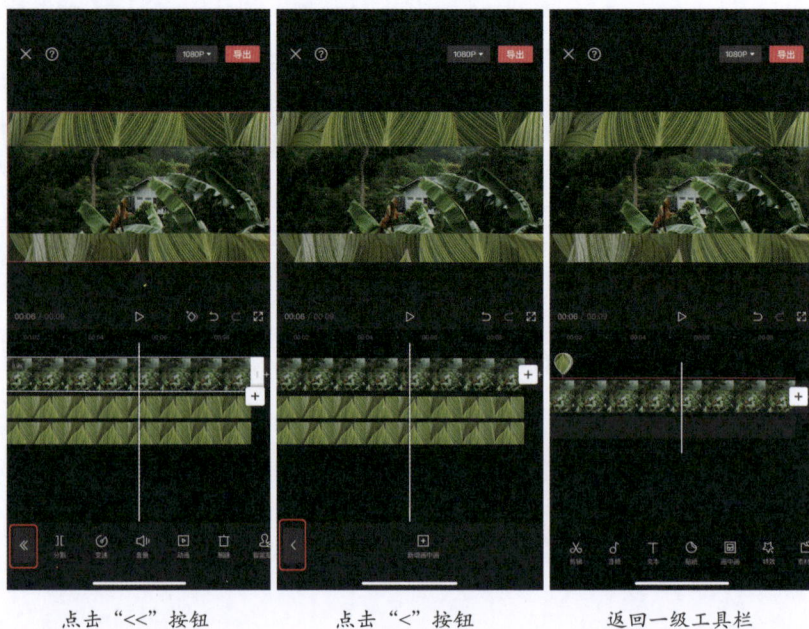

点击"<<"按钮　　　　　　点击"<"按钮　　　　　返回一级工具栏

　　首先在第一个图层中添加文字。点击"文本"按钮，再点击"新建文本"按钮，在文本框里输入"雨中小屋"。

| 点击"文本"按钮 | 点击"新建文本"按钮 | 输入文字 |

　　选择"花字"，挑选一个比较适合的花字样式，然后点击"√"按钮。花字样式可使文字设计更好看，让视频内容更有氛围。然后把新建的文本移到最上方的壁纸图层上。

| 选择花字样式 | 移动文本 |

241

如果想让新建文本的时长和整个视频时长一样，就要手动把新建文本的开头和结尾都拉至和视频的开头和结尾对齐。

在上方的壁纸图层中添加文本之后，还可以在下方的壁纸图层中添加描述画面主题的文本。先点击左下角的"<<"按钮，返回上一级工具栏，然后点击"新建文本"按钮，在文本框中输入"绿色主题"，选择一个想要的花字样式后，点击"√"按钮。

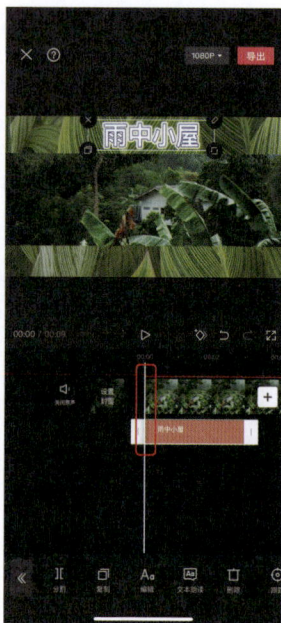

调整文本时长

保证文本时长和视频时长一致

点击"<<"按钮，返回上一级工具栏

点击"新建文本"按钮

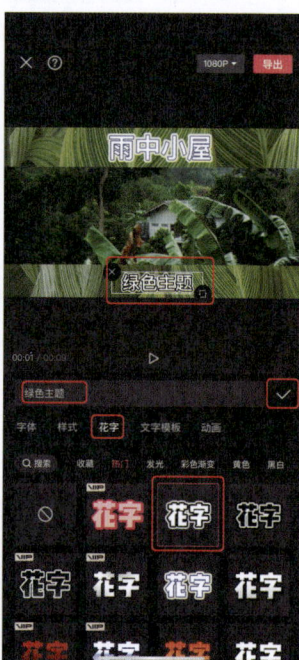

输入文字并选择花字样式

242

同样，如果想让主题文字完整地显示在整个视频中，也要把文本时长拉到跟视频时长一样，这样文本才能从头到尾都得到展示。

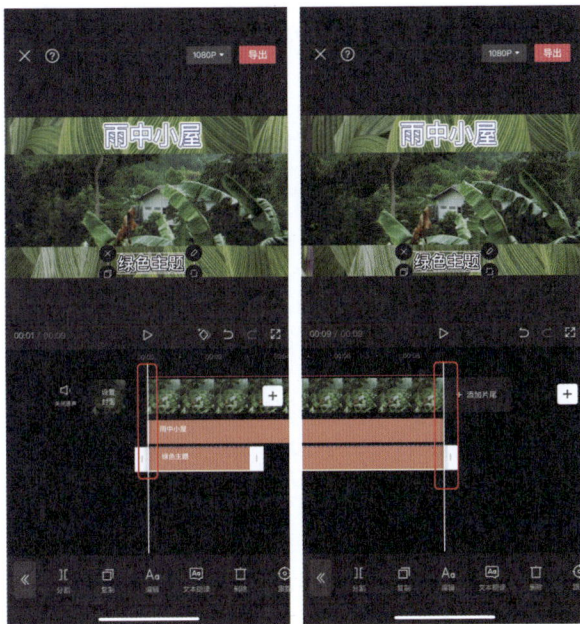

调整文本时长　　　　　　保证文本时长和视频时长一致

这时整个视频就已经做得差不多了，如果觉得只有壁纸和文字太单一，也可以添加一些动态的贴纸，让作品更有氛围。点击"添加贴纸"按钮，可以看到很多动态贴纸，这里选择一个西瓜的动态贴纸，并把它移动到合适的位置上，完成后点击"√"按钮。

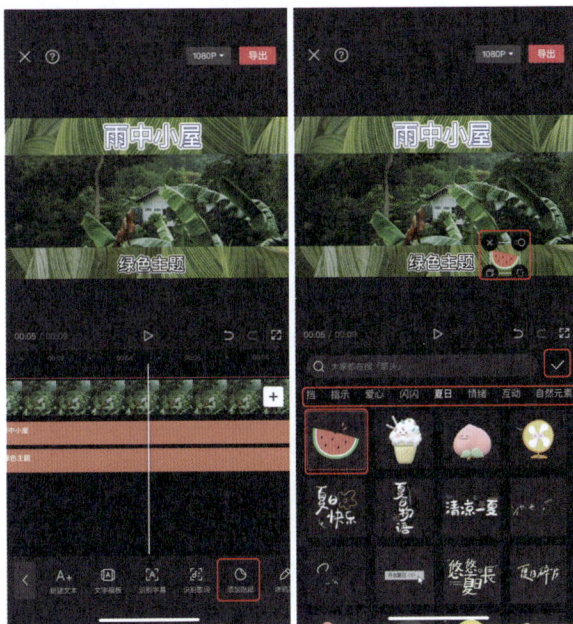

点击"添加贴纸"按钮　　　　　贴纸选择界面

243

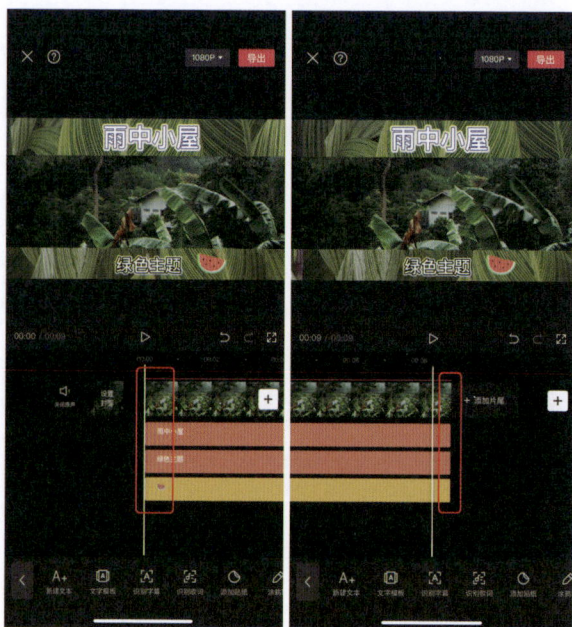

调整贴纸时长　　　　保持贴纸时长和视频时长一致

可以把"西瓜"贴纸的时长拉到和视频时长一样，让它从头到尾都显示。

还可以用同样的方法在壁纸上多添加几个动态贴纸，让氛围感更强。

这样一来，画中画效果就基本制作完成了，接下来可以根据视频内容添加合适的音乐。

点击左下角的"<<"按钮，再点击"<"按钮，回到一级工具栏。

添加多个贴纸并调整时长　　　点击"<<"按钮　　　点击"<"按钮，返回一级工具栏

点击"音频"按钮，再点击"音乐"按钮，选择一首和短视频风格匹配的音乐作为背景音乐。

点击"音频"按钮　　　　点击"音乐"按钮　　　　音乐选择界面

这样一来，音乐就添加完成了，但是音乐比视频时间长，所以要把整个音乐时长缩短到跟视频时长一样，把音乐的首尾和视频的首尾对齐。

选中音频轨道　　　　调整音乐时长

最后点击右上角的"导出"按钮，导出后的视频会保存到手机相册中。

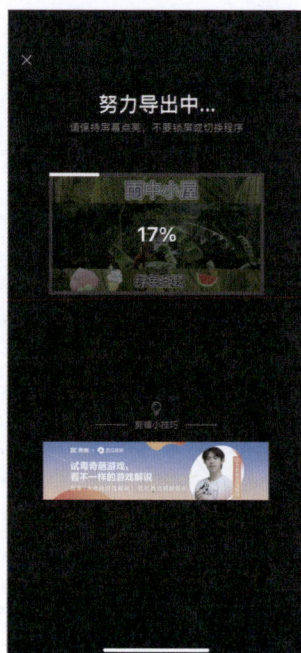

导出视频　　　　　　　　　　　　视频导出界面

当然，壁纸、图片、文字内容、背景音乐，都应该跟短视频的内容有关。也就是说，只要学会制作方法即可，具体添加什么样的标题、图片、文字内容、背景音乐，就要根据视频内容确定。

9.5.4　添加特效、滤镜、比例和背景

前面已经介绍了剪映 APP 的剪辑、音频、文字、贴纸、画中画等功能，接下来我们来看看剪映中的特效、滤镜、比例和背景功能应如何使用。

案例 1

打开剪映 APP，点击"开始创作"按钮，选择一段视频素材，可以看到它是竖屏的。

点击"特效"按钮，可以选择"画面特效"和"人物特效"，此处选择"画面特效"，进入后有很多特效模板可供选择，如"热门""基础""氛围""动感""DV""潮酷"等。

点击"开始创作"按钮　　　素材选择界面　　　剪辑界面

点击"特效"按钮　　　特效菜单栏　　　特效选择界面

　　这里选择"水光影"特效，完成后点击"√"按钮。然后把"水光影"特效时长拉到跟视频时长一样。

选择特效　　　　　　调整特效时长　　　保证特效时长和视频时长一致

　　如果这个特效的效果不太好，可以点击"替换特效"按钮，重新选择一个喜欢的特效。还可以通过复制特效的方式，将特效的时长叠加到和视频时长一样。如果对这个特效不满意，也可以删除特效，然后再添加一个其他特效。

点击"替换特效"按钮　　　点击"复制"按钮　　　点击"删除"按钮

特效是给视频做特殊效果的工具，利用它可以增加画面的纹理、光感、开场效果、转场效果等。

接下来点击左下角的"<<"按钮，再点击"<"按钮，返回一级工具栏。

我们也可以给视频添加滤镜，点击"滤镜"按钮，可以看到"精选""影视级""人像""风景""复古胶片""美食"等滤镜分类。此处选择"风景"中的"暮色"滤镜，点击右下角的"√"按钮。滤镜选完后可以对滤镜做细节的调整，包括亮度、对比度、饱和度、光感、锐化等。

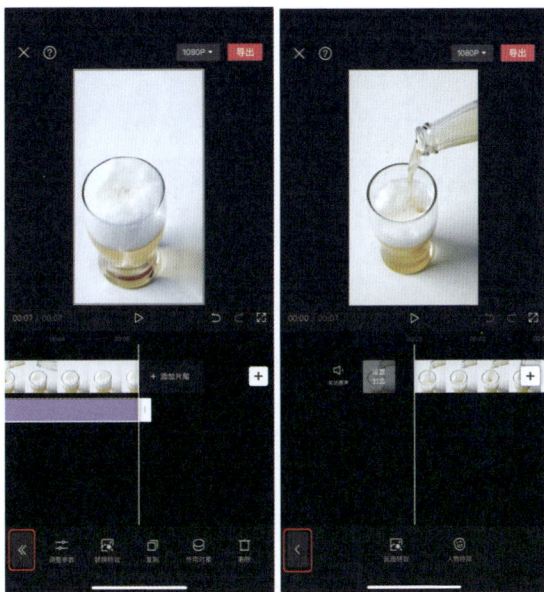

点击"<<"按钮

点击"<"按钮，返回
一级工具栏

点击"滤镜"按钮

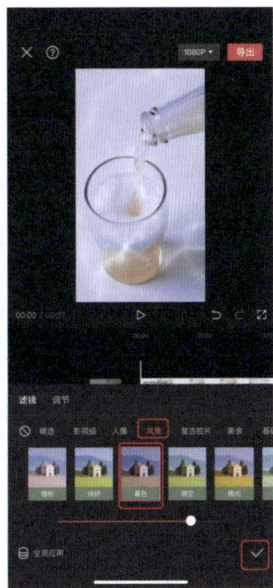

滤镜选择界面

调节滤镜效果

退回到初始界面后，点击"比例"按钮，可以看到不同的比例选项，可以根据视频的比例需求进行选择，没有画面的地方会被自动填充为黑色。这里选择"16∶9"的横屏比例，然后点击左下角的"<"按钮，返回一级工具栏。

点击"比例"按钮   比例选择界面   点击"<"按钮，返回一级工具栏

比例设置完成之后，可以看到画面左右两侧的黑色不够美观，这时可以使用"背景"工具为其填充想要的颜色，或者使用"文字"工具在黑色的部分添加想要的文字。

点击"背景"按钮，会出现三个按钮，分别是"画布颜色""画布样式""画布模糊"。

点击"画布颜色"按钮，可以在其中选择一个纯色的背景，完成后点击"√"按钮。

点击"背景"按钮   背景菜单栏

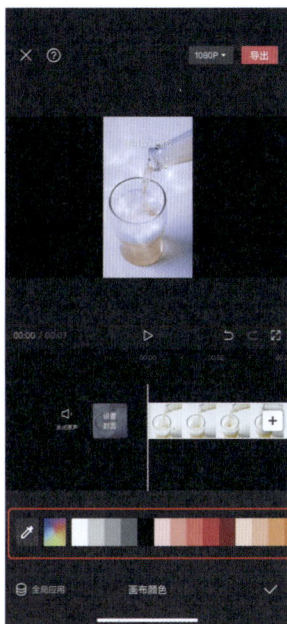

点击"画布颜色"按钮　　　　　画布颜色选择界面　　　　点击"√"按钮，添加背景

如果没有喜欢的纯色背景，也可以点击"画布样式"按钮，选择一个画布样式，完成后点击"√"按钮。

点击"画布样式"按钮　　　　画布样式选择界面

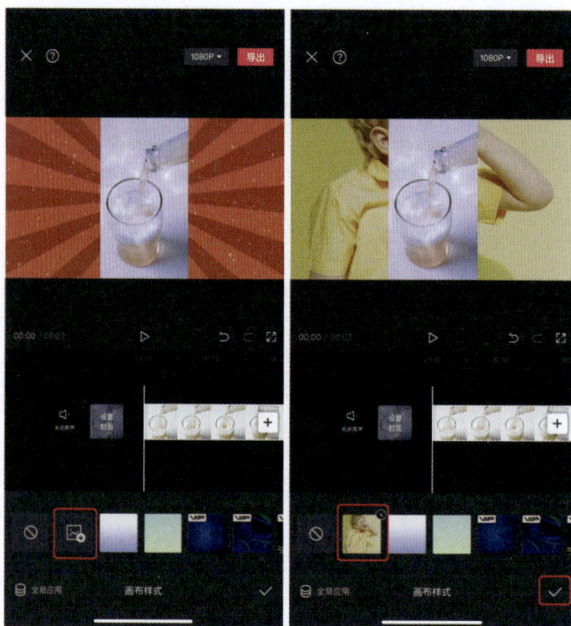

点击图标

添加手机相册中的图片

如果还是没有喜欢的画布，还可以点击画布样式选择界面中的图标，在手机相册中选择一张喜欢的背景图片，完成后点击"√"按钮。

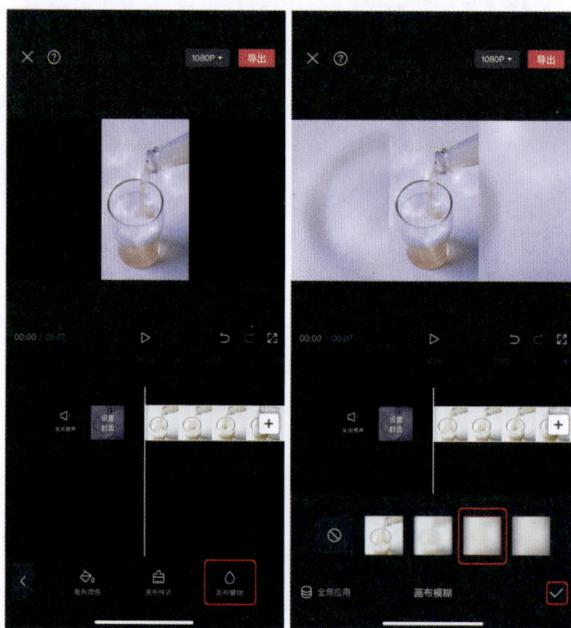

点击"画布模糊"按钮，可以给视频添加不同模糊度的背景，这个背景和视频本身是一样的。

返回一级工具栏，点击"调节"｜"新增调节"按钮，可以调节背景的参数，这里的调节的作用和滤镜中的调节功能的作用一样。

点击"画布模糊"按钮

选择画布模糊效果

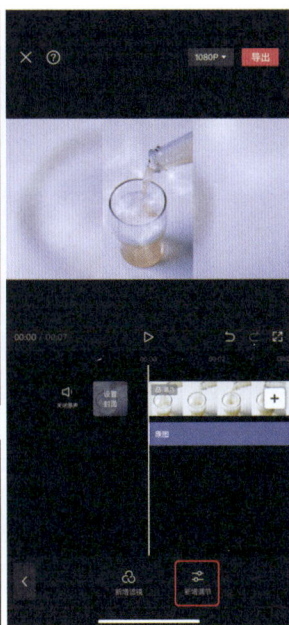

点击"调节"按钮　　　　　　点击"新增调节"按钮　　　　　　背景参数调节界面

案例 2

　打开剪映 APP，点
击"开始创作"按钮，
导入一个横屏的视频。

点击"开始创作"按钮　　　　　　导入横屏视频素材

253

点击"比例"按钮   比例选择界面

点击"比例"按钮，选择比较常见的"9∶16"的竖屏比例，再点击"<"按钮。电影剪辑或电影配音的内容使用横屏效果更好。

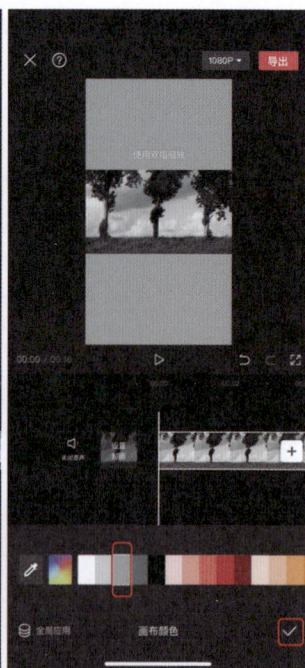

点击"背景"按钮，再点击"画布颜色"按钮，在画布颜色选择界面选择一个背景效果，把视频上方和下方的黑色部分填充为和视频整体色调一样的背景色，然后点击"√"按钮。

点击"背景"按钮   背景菜单栏   画布颜色选择界面

　　点击"特效"按钮，给视频添加一些特效。这里选择"发光"特效，然后点击"√"按钮。

　　结合在前面的章节学习到的内容，给视频添加特效、文字和贴纸等，就可以完成短视频制作了。

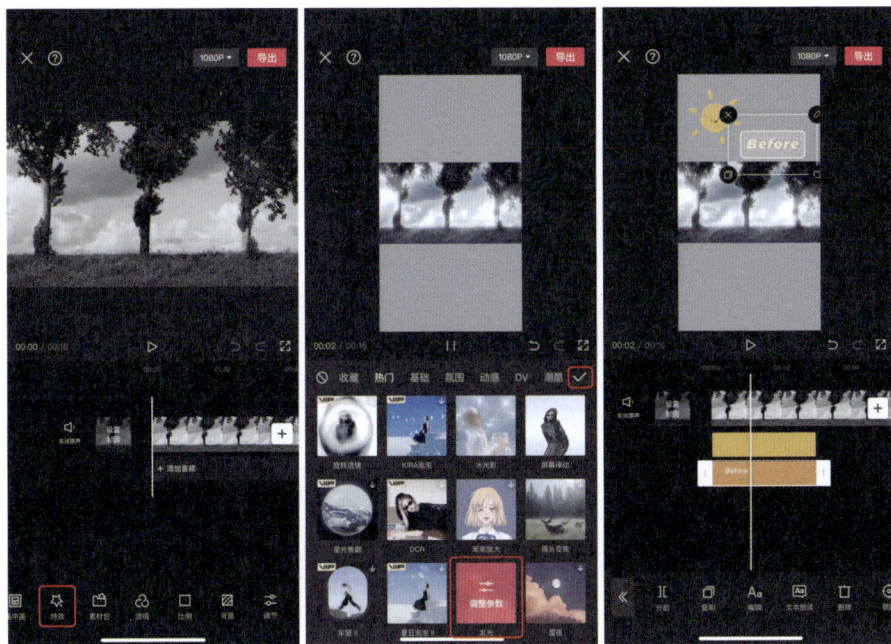

点击"特效"按钮　　　　　　　特效选择界面　　　　　　添加特效、文字、贴纸等